U0361118

数字经济时代
公司股权实用指南

杨 杰　张昌倩　冯清清　等著

——

机械工业出版社
China Machine Press

图书在版编目（CIP）数据

数字经济时代公司股权实用指南 / 杨杰等著 . -- 北京：机械工业出版社，2022.8
ISBN 978-7-111-71188-9

I . ①数… Ⅱ . ①杨… Ⅲ . ①公司 – 股权管理 – 中国 – 指南 Ⅳ . ① F279.24-62

中国版本图书馆 CIP 数据核字（2022）第 122400 号

数字经济时代公司股权实用指南

出版发行：机械工业出版社（北京市西城区百万庄大街 22 号 邮政编码：100037）

责任编辑：刘 静　　　　　　　　　　　　责任校对：付方敏

印　　刷：三河市国英印务有限公司　　　　版　　次：2022 年 9 月第 1 版第 1 次印刷

开　　本：170mm×230mm　1/16　　　　　印　　张：15

书　　号：ISBN 978-7-111-71188-9　　　　定　　价：69.00 元

客服电话：（010）88361066　88379833　68326294　　　投稿热线：（010）88379007

华章网站：www.hzbook.com　　　　　　　　　　　读者信箱：hzjg@hzbook.com

2021 年 12 月，国务院发布《"十四五"数字经济发展规划》并提出，到 2025 年，数字经济迈向全面扩展期。数字经济成为继农业经济、工业经济之后的主要经济形态，新经济时代已悄然到来。

那么，数字经济时代意味着什么？意味着产业数字化发展、数字产业化延伸。

一方面，产业数字化以数字赋能产业，在实体经济和数字科技深度融合的同时，也催生了平台经济模式。借力"网络效应"，平台经济持续联通上下游资源，打造双边对称市场。另一方面，在数字产业化的革新浪潮里，技术迭代、万物智联、人才、资本、技术等创新要素成为企业发展的实质变量，是决定公司生长空间和速度的核心软实力。

数字经济不仅变革了产业，也重塑了股权。

在传统企业数字化、平台化转型的过程中，**股权架构**作为公司治理的重要工具，协助公司匹配商业模式的转变需求，提供各个业务板块的整合路径。与此同时，平台经济面临日趋严格的反垄断监管，这也对平台型公司的股权架构设计提出更高要求。

在顶层股权架构之下，**股权激励**被广泛应用于互联网公司的人才激励。人力资源作为核心软实力之一，在数字经济时代已成为企业的"必争之地"。行之有效的股权激励能产生长期激励效益，吸引、鼓舞企业的"历史贡献者"和"未来创造者"。

在完善内部股权建设后，**股权投融资**是公司追赶数字经济时代的"雪橇"。公司一边通过股权投资拓宽数字经济版图，成为新赛道先行者；另一边，股权融资及其背后所带来的品牌、人才、渠道等隐形资源，提供了公司的发展加速度。

然而，数字经济时代里，有的公司可以"好风凭借力，送我上青云"，也有的公司则因**股权纠纷**而争得头破血流。如果股权无法匹配新商业模式，无法对接优质人才，或无法协调资本力量，股权争议的爆发风险将随之而来。

股权不是个新事物，但对于数字经济时代的企业而言，为了赋能商业模式的重塑需求，避免伤筋动骨的股权纠纷，股权的价值与重要性越发凸显。公司需要通过股权实现顶层架构设计、人才激励安排以及业务整合布局。

为了帮助数字经济形势下的公司及管理者提升股权实操能力，本书编写团队梳理了多年来为公司尤其是向数字化转型的公司提供股权法律服务的实务经验和理论研究，从股权架构、股权激励、股权融资、股权投资、股权纠纷等五个维度编写了本书，希望能为读者提供数字经济时代中的股权实务指引。

| CONTENTS | 目 录

股权重塑：数字经济下的公司架构危机

第一节 与"互联网＋"一脉相承的数字经济

"互联网＋"自 2015 年出现在国务院《政府工作报告》中后，便从未缺席。不断推进的"互联网＋"驱动数字经济强势崛起，并一跃成为当下热门词语。

热度背后，数字经济到底有何内涵？

根据中国信息通信研究院于 2021 年 4 月发布的《中国数字经济发展白皮书》，数字经济是以数字化的知识和信息作为关键生产要素，以数字技术为核心驱动力量，以现代信息网络为重要载体，通过数字技术与实体经济深度融合，不断提高经济社会的数字化、网络化、智能化水平，加速重构经济发展与治理模式的新型经济形态，具体包括产业数字化、数字产业化、数字化治理和数据价值化四大部分。

换言之，数字经济无法脱离数字技术、信息网络平台等，它根植于"互联网＋"，利用数字技术使传统行业与互联网进一步深入融合，从而对生产方式、生产关系、商业模式、生活方式等进行重构，挖掘出新的增长点，释放新动能，促使社会经济持续发展。

因此，数字经济是"互联网＋"的价值加倍释放的结果，与"互联网＋"是一脉相承的。

一、通过"互联网＋"赋能，实现产业数字化

"产业数字化"被《中国数字经济发展白皮书》列为数字经济的四大基础内容之一，具体是指传统产业应用数字技术所带来的产出增加和效率提升部分，包括但不限于平台经济、车联网、工业互联网、智能制造等融合型新产业、新模式和新业态。随着"互联网＋"逐步渗透社会每个角落，新产业、新模式、新业态以传统行业数字化转型的形式不断涌现，为企业的长期、稳定、可持续发展赋予了新动能。

以下简要介绍通过"互联网＋"的赋能实现产业数字化的几种形式。

（一）平台经济

平台经济作为数字经济时代的新兴产物，是基于数字平台的各种经济关系的总称，它立足于数字技术，是由数据驱动、平台支撑、网络协同的经济活动单元所构成的新经济系统。

平台经济借助"互联网＋"整合产业上下游资源，形成新的经济形态，它面向的不是单边市场，而是双边甚至多边的市场。例如，京东所采取的就是典型的基于零售的平台经济模式，它同时面向商家、消费者、物流服务提供者等多方参与者，通过汇聚各方资源实现商业价值的叠加与放

大，最终呈现出"1+1>2"的效果，达到多方共赢。腾讯、阿里巴巴、百度等公司也是平台经济领域的领军企业。

（二）"互联网＋教育"

教育行业曾是技术应用相对滞后的领域，老师和学生只能在线下完成授课和作业，家长需要通过定期的家长会与老师取得联系，而老师主动与家长沟通的形式通常局限于家访。

随着"互联网＋"与教育行业的深度融合，在线教育产品遍地开花。根据网经社电子商务研究中心在 2021 年 1 月 13 日发布的《2020 年度中国在线教育投融资数据报告》，2020 年中国在线教育融资总额超 539.3 亿元，同比增长 267.37%，这一总额甚至超过了 2016 年至 2019 年的融资金额总和。除了经常在广告中听到的猿辅导、作业帮外，很多巨头企业也有了深耕在线教育行业的打算，例如字节跳动不仅上线了"瓜瓜龙"教育产品，还希望通过收购启蒙教育产品"你拍一"补齐其在线教育蓝图。

不过，中共中央办公厅、国务院办公厅于 2021 年 7 月 24 日印发《关于进一步减轻义务教育阶段学生作业负担和校外培训负担的意见》（以下简称"双减"）后，3 岁至 6 岁学龄前儿童及学科类的线上教育产品遭受重创，被字节跳动收购不满一年的"你拍一"不得不全面暂停直播课业务。然而，"双减"并非对"互联网＋教育"这一经济形态的全盘否定，职业教育、素质教育的线上教育模式仍然是新的方向与出路。

（三）"互联网＋医疗健康"

在新冠肺炎疫情的催化和影响下，"互联网＋医疗健康"的发展被加速提上了日程。2020 年 10 月 28 日，国家卫生健康委员会规划司司长毛群安在国务院新闻办公室就"十三五"卫生健康改革发展有关情况举行的发布会上提供了一组数据："目前全国已经有 900 家互联网医院，远程医疗协作网覆盖所有的地级市 2.4 万余家医疗机构，5500 多家二级以上医院可以提供线上服务。"

互联网医疗的迅速发展为人们提供了极大的便利。从日常出行所需的"健康码"与健康信息、医疗数据收集相关的程序，到目前广泛应用的提供健康咨询、药品配送、慢性病管理等服务的新型互联网医疗服务产品，都使人们更加轻松地获取便捷、高效的医疗服务。这片蓝海现在仍有巨大的掘金空间。

二、深挖"互联网＋"效益，促进数字产业化

据《中国数字经济发展白皮书》所述，数字产业化是数字经济的另一个基础内容之一。它是指信息通信产业，具体包括电子信息制造业、电信业、软件和信息技术服务业、互联网行业等。

区别于产业数字化，数字产业化主要强调的是对信息通信产业进行二次创新、优化和完备，如提升大数据、云计算、人工智能企业的技术创新能力，加快数字基础设施的建设，推动产业聚集、内部系统结构优化等，这一过程其实就是发展互联网技术并深挖其效益的过程。而产业数字化不同，其本质是把过去传统的行业用数字化的模式再做一遍，主要关注的是传统行业与"互联网＋"的融合。

数字产业化的上述特性，意味着互联网行业、电信业等信息通信产业在技术创新能力、专利等知识产权、人才配备等方面都面临着更大的挑战。

以中国电信为例，中国电信董事长柯瑞文在第六届世界互联网大会企业家高峰论坛上发表了主题为"加快数字产业化 助推产业数字化"的演讲，他表示，中国电信在加快数字产业化方向上应做到：坚持网络融合发展，在现有网络基础上，充分应用 5G、云计算、大数据、人工智能、物联网等新技术，推进云网深度融合，打造智能物联网，满足万物智联对信息通信网络的需求；坚持 5GSA（独立组网）方向；坚持技术创新，尤其强化网络切片、边缘计算、网络 AI 等关键核心技术的自主创新，比如，中国电信在移动边缘计算（MEC）方面自主研发了 MEC 平台，在云化方面率先实现了基于 IPv6 和云网融合架构的 5GSA 部署，实现 5G 与现网 4G 互操作；坚持开放合作，积极推进 5G 网络共建共享，加快网络建设，把更多的资源和精力投入技术攻关、业务创新和服务提升上。

数字经济背景下，这些技术创新实践最终将服务于其他产业，例如，"5G+MEC"技术将有助于满足工业互联网对数据安全治理的实时和安全性要求，并推动娱乐消费场景的设计，使消费场景获得更快速的升级。

可见，数字产业化，通过推动企业技术创新、优化原有产业体系，促进互联网技术的深入发展，是一种挖掘技术及产业的潜在效益进而推动数字经济发展的有效路径。

三、从"互联网＋"到数字经济，各地纷纷助力构建数字中国

马化腾等在《数字经济：中国创新增长新动能》一书中提出了一个耐人寻味的观点，他认为，当没人再单独提互联网的时候，就是"互联网＋"进程真正完成的时候。届时，既没有纯粹的互联网企业，因为互联网已经是覆盖全社会的基础设施；也没有纯粹的传统产业，因为所有传统产业都已经嫁接了互联网基因。[1]

细想，这确实是我们期盼看到的从"互联网＋"到数字经济的大融合，不过并非终极目标。

数字经济发展的最终目标，从2021年《政府工作报告》提出的"十四五"时期经济社会发展主要目标和重大任务来看，应当是加快数字化发展，打造数字经济新优势，协同推进数字产业化和产业数字化转型，加快数字社会建设步伐，提高数字政府建设水平，营造良好数字生态，建设数字中国。目前，可以看到各地已纷纷开始布局，出台了许多政策、条例和法规，助力数字中国的构建。

（一）贵州省

近年来，贵州省牢牢把握住机遇，深耕数据蓝海，成为连续6年数字经济增速排名全国第一的省份。

在产业数字化转型的道路上，贵州省卫计委[⊖]携手贵阳朗玛信息技术股份有限公司研发一款"互联网＋医疗"产品——"贵健康"，用户只要下载"贵健康"App即可进行视频问诊、医疗咨询、健康管理等；在数字产业化过程中，贵州省政府又深入实施大数据新领域"百企引领"行动，推动三大电信运营商以及苹果、华为、腾讯等互联网企业的数据中心建设和投运，吸引了多家科技巨头企业落户，造就了中国大数据产业发展的"贵州样板"。

（二）浙江省

浙江省发布了《浙江省数字经济促进条例》，并于2021年3月1日起

⊖ 2018年，第十三届全国人民代表大会第一次会议批准了《国务院机构改革方案》，不再保留国家卫生和计划生育委员会。

施行，这是全国第一部以促进数字经济发展为主题的地方性法规。这部重要的创制性法规将数字经济的实践要求上升为法律制度的客观要求，足见浙江省的重视程度。

《浙江省数字经济促进条例》不仅规定了促进数据资源开放共享、推动数字产业化发展、促进产业数字化转型、提升数字化治理水平的具体措施，还针对数字经济产业设立了激励和保障措施，例如设立数字经济产业投资基金、为技术人才提供优惠政策等，这无疑是吸引各地人才、企业奔赴浙江省发展的有效手段，也是促进数字社会建设的有力举措。

（三）广东省

2020年4月，广州市人民政府印发《广州市加快打造数字经济创新引领型城市的若干措施》通知，共计提出了22项具体措施，例如加快探索数据安全高效治理新模式，全力打造适宜数字经济发展的营商环境，加快新型显示产业关键核心应用技术的集中攻关等，并在通知中细化到应由哪一级政府部门牵头完成。

这是广州市政府出台的首份数字经济创新发展纲领性文件，也是广州市面向全球第一份数字经济领域招商引才的宣言书，意义重大。

2021年6月29日，《深圳经济特区数据条例》经深圳市第七届人民代表大会常务委员会第二次会议通过，于2022年1月1日起施行。其内容涵盖了个人信息数据、公共数据、数据市场、数据安全等方面，是国内数据领域首部基础性、综合性地方立法。

该条例的出台，体现了深圳市政府维护数字经济健康发展的决心。产业数字化催生的新产业、新业态和新模式导致个人信息数据问题时有发生，如数据交易机制不完善、企业间与数据有关的不正当竞争纠纷等。这些问题如不妥善解决，则会为深圳市的数字经济发展带来巨大挑战，该条例率先明确提出"数据权益"，着重强化个人信息数据保护，坚持个人信息保护与促进数字经济发展并重，对人们深恶痛绝的 App "不全面授权就不让用"、大数据"杀熟"、个人信息收集、强制个性化广告推荐等问题说"不"，并给予重罚。

作为全国首个有关数据的地方性法规，《深圳经济特区数据条例》在保护个人数据的基础上，最大限度地挖掘、释放数据的经济价值，为数字产业、数字经济的发展提供了良好的法治环境，推动了数据的有序流动和数据产业的健康发展，从而助力数字社会、数字中国的规范建设。

第二节　数字经济对传统股权架构的挑战

如第一节所言，兼具"产业数字化"与"数字产业化"特征的数字经济极大地加速了技术创新、数字化转型与经济发展。然而，在为企业创造巨大机遇的同时，数字经济也对公司的股权架构设计提出了更高的要求。

一、平台经济领域，反垄断监管日趋严格

上一节，我们简单介绍了平台经济的概念，似乎"百利而无一弊"。然而，在如今日趋严格的反垄断监管下，如何通过调整股权架构降低被认定为垄断的风险，避免企业日常经营受到不利影响，是公司在发展平台经济、实现产业数字化的过程中需要尤为关注的问题。

首先，我们需要明确在数字经济时代，平台经济对公司来说意味着什么。

（一）平台经济对公司意味着什么

以互联网公司为例，根据波士顿咨询公司（BCG）、阿里研究院（AliResearch）和百度发展研究中心于 2019 年 1 月联合发布的《中国互联网经济白皮书 2.0——解读中国互联网新篇章：迈向产业融合》报告，独树一帜的平台模式在中国的数字化发展中尤为流行和重要，通过平台赋能中小企业成为中国一个重要的数字化转型模式，深耕产业和建立赋能平台将是中国互联网企业未来的制胜之道。

换言之，如果互联网公司不深耕于平台经济领域，从长远来看，其市场竞争力是有限的。互联网企业提升竞争力的有效路径之一，就是借助自身数字化、网络化、智能化的技术优势建立赋能平台，实现行业生态化，通过平台化、行业化发展创造市场价值。因此，平台经济是未来的必然趋势，其他行业的公司同样如此。

然而，与过去不同的是，公司在平台经济领域已无法继续"野蛮生长"。如今，国家对网络治理、个人信息保护、数据安全等方面的监管已经越来越严格，2021 年 2 月 7 日，国务院反垄断委员会印发了《国务院反垄断委员会关于平台经济领域的反垄断指南》（以下简称《指南》），结合数字经济的特点和演化趋势，对近年来平台经济领域中备受关注的"涉及协议控制（VIE）架构的经营者集中""轴辐协议"等热点问题从反垄断角度予以回应，增强了反垄断执法在平台经济领域的可操作性和可预期性。

（二）枪声已响，未来已来

2020 年 12 月 14 日，国家市场监督管理总局依据《中华人民共和国反垄断法》(以下简称《反垄断法》),对阿里巴巴投资收购银泰商业股权、阅文收购新丽传媒股权、丰巢网络收购中邮智递股权三起未依法申报违法实施经营者集中案做出顶格行政处罚,加强了对涉及协议控制架构交易的监管。

同日,国家市场监督管理总局反垄断局主要负责人透露,广州虎牙科技有限公司与武汉斗鱼鱼乐网络科技有限公司合并等涉及协议控制架构的经营者集中申报案件也在审查中,再次引起社会关注。

早在《指南》出台前,国家行政执法部门就已向社会充分释放了平台经济领域反垄断监管的强烈信号,中共中央办公厅、国务院办公厅于2021年1月印发的《建设高标准市场体系行动方案》强调:"推动完善平台企业垄断认定、数据收集使用管理、消费者权益保护等方面的法律规范。加强平台经济、共享经济等新业态领域反垄断和反不正当竞争规制。"

可见,在日趋严格的反垄断监管下,如何通过股权架构的设计降低被认定为垄断的风险,已经成为企业亟须解决的问题。

(三)投资而不控股的"小米模式"

根据《反垄断法》第二十条:"经营者集中是指下列情形:(一)经营者合并;(二)经营者通过取得股权或者资产的方式取得对其他经营者的控制权;(三)经营者通过合同等方式取得对其他经营者的控制权或者能够对其他经营者施加决定性影响。"

在阿里巴巴投资收购银泰商业股权、阅文收购新丽传媒股权、丰巢网络收购中邮智递股权三起案件中,收购方在收购完成后均构成对被收购方的控制,因此满足经营者集中的构成要件,且交易双方属于行业内的头部企业,营业额达到《国务院关于经营者集中申报标准的规定》第三条要求的经营者集中申报标准，收购交易双方应依据《反垄断法》第二十一条事先向国务院反垄断执法机构申报，否则不得实施集中。然而，三起交易均未事先完成申报，因此，阿里巴巴投资、阅文和丰巢网络被国家市场监督管理总局处以 50 万元人民币的顶格行政处罚，这在一定程度上对这些公司的品牌造成了负面影响。

由此可以得出初步结论，除经营者合并外，若双方在完成收购、投资等交易后并未出现一方获得另一方控制权的情况，那么在形式上就不满足《反垄断法》所规制的经营者集中行为的构成要件，无须提前申报交易。

以小米为例，2013 年，小米正式启动"生态链计划"，雷军表示 5 年内将投资 100 家企业，如今目标早已达成。由于小米采取的是"投资不控股"的策略，它在目标公司的股权占比通常仅为 5% 至 10%，因此其交易并未涉及经营者集中，这在一定程度上降低了小米被认定为垄断的风险。小米这种财务性投资的策略成功地打造了"小米生态链"，成为平台经济领域投资的经典案例。

二、不容忽视的企业核心软实力

数字经济下，不管是传统公司的数字化转型，还是信息通信产业的数字产业化，企业核心软实力如技术、专利等知识产权、人才资源、投融资管理等都发挥着不容忽视的重要作用。基于我们的实证研究分析和过往项目经验，正确设计和规划股权架构将对企业软实力的提升产生正向的促进作用。

（一）以股权为促进技术创新的工具

数字经济环境下，大数据、AI、云计算、物联网、区块链、5G 等新技术如雨后春笋般涌现，技术创新无疑成为企业的核心软实力之一。有学者研究发现，股权结构关系到公司资源的配置、组织管理效率以及重大决策制定，公司对技术创新的态度与投资力度也因此受到极大的影响。这意味着，公司可以通过设计合理的股权架构促进技术创新，提升企业竞争力。

学者熊焰韧、王雨阳基于对创业板上市公司数据的实证研究发现，以股权分散度衡量的股权结构与企业创新产出呈负相关。这说明，股权越分散，对管理层的监督越缺乏，管理层的代理问题越严重，企业的创新产出越低。研究中提道："股权高度分散时，股东持股比例很小，股东的监督成本高于股东的监督收益，股东会倾向于选择'搭便车'这一行为。由于缺乏大股东的有效监督，经理人可能会倾向于发生道德风险和逆向选择以满足一己私利，研发投资的动力不足。因此，股权结构高度分散的公司，会加重企业研发投资中的代理问题。随着股权越来越集中，大股东的监督收益足以补偿其监督成本，大股东会愿意参与企业的经营和投资决策，大股东逐步从'外部人'变成了实际控制公司经营的'内部人'，从而有效地遏制经理人的利己行为导致研发投资不足的现象，即'利益协同效应'。"[2]

虽然上述结论会因企业的类型、行业、所处阶段而有所差异，但仍然具备参考价值。企业可以通过设计具有一定集中度的股权结构，以股权作为促进技术创新的工具，推动公司业务的发展。

（二）以股权为人才激励的手段

联想控股创始人柳传志曾说过，办公司就是办人。人才是利润最高的商品，能够经营好人才的企业才是最终赢家。无论是技术创新，还是企业治理，人才所发挥的作用毋庸置疑。人才资源作为软实力之一，也是企业的"必争之地"。而企业之间的竞争，本质上来说也是人才的竞争，因此，如何在留住人才的同时吸引更多有能力的人才，是企业管理永恒的主题之一。股权激励作为一种长期激励机制，若运用得当，能为企业创造极大的价值，使企业在人才竞争中胜出。

股权激励不仅是一种新型经济激励方式，还是有效的公司治理措施，它有利于避免员工的短期行为，使公司与员工之间建立起更为牢固、更加紧密的战略发展关系。向公司高管、员工有条件地授予公司股权或期权，使他们以股东的身份参与公司决策、分享利润、承担风险，他们就会更多地考虑公司的长远利益，从而勤勉尽责地为公司的长期发展服务。这种共赢机制也会吸引更多高质量人才加盟，成为企业一员。那么，企业应该如何进行股权激励，哪些员工才能获得激励，股权又该如何定价？这些问题我们将在第三章一一讲解。

（三）以股权作为加速发展的杠杆

数字经济重新赋能了传统产业，也为新兴业态带来了市场与机遇。如何抓住机遇、在激烈竞争中脱颖而出，成为数字经济背景下企业的一大挑战。

2020 年 12 月 11 日，泡泡玛特登陆香港交易及结算所有限公司（以下简称港交所），成功挂牌上市，发行价 38.5 港元 / 股，开盘 77.1 港元 / 股，市值超千亿港元。在潮玩破圈之前，很少有投资人愿意投这家公司。2012 年，启赋资本创始合伙人傅哲宽结识了王宁。2013 年，启赋资本正式成立，泡泡玛特的投资人麦刚将王宁引荐给屠铮，启赋资本迅速对泡泡玛特进行了天使轮投资，并在接下来的两轮股权融资持续加码，给了泡泡玛特充足的资金支持。泡泡玛特成功上市后，啟赋资本一举斩获超百倍的回报。

这是股权融资中投资人与公司双赢的典型案例。泡泡玛特之所以能够迅速完成资本化并率先上市，很大程度上源于其种子轮投资人麦刚的资源引荐。所以，在股权融资过程中，资金固然重要，但其背后所带来的品牌、人才、渠道等隐形资源更为关键，这些隐形资源将成为公司加速发展的有力杠杆，也是企业在日渐严酷的市场环境中找到突破口的重要软实力。我们将在第四章详细阐述如何借助资本力量通过股权融资实现企业的快速增长。

三、"走出去"的挑战

2020 年 9 月，国家互联网信息办公室印发《数字中国建设发展进程报告（2019 年）》（以下简称《报告》）。《报告》显示，2019 年我国数字经济保持快速增长，质量效益明显提升，数字经济增加值规模达到 35.8 万亿元，占国内生产总值（GDP）的比重达到 36.2%，对 GDP 增长的贡献率为 67.7%。数字经济结构持续优化升级，产业数字化增加值占数字经济比重达 80.2%，在数字经济发展中的主引擎地位进一步巩固，向高质量发展迈出新步伐。

同时，《报告》明确在全球经济增长乏力的背景下，数字经济成为撬动经济增长的新杠杆，成为各国提振经济的重要方向。国际数字合作不断深化，数字经济合作相关议题已经成为国际各重要机制、平台的核心议题，成为世界主要国家的关注焦点。在构建更加美好的数字世界成为全球共识的今天，中国企业，尤其是互联网企业，作为数字中国建设道路上不可或缺的角色，已然走在全球市场的前列。

接下来，我们以互联网企业出海为例，分析企业在"走出去"的过程中所面临的挑战。

（一）数字经济成为国际主流，互联网企业助力数字中国走向国际舞台

中国互联网企业作为给"数字中国"建设添力赋能的重要角色，产品出海已成大势所趋。在 BAT（百度、阿里巴巴、腾讯）三大互联网巨头开启国际化征程后，越来越多的企业进军国际市场。

2011 年起，宝宝巴士（BabyBus）便作为出海圈的先行者，走在探索海外市场的路上。作为专注儿童启蒙的移动互联网早教品牌，宝宝巴士已经发布了超过 200 款 App、2500 多集儿歌动画、5000 多期国学故事等，面向全球 160 多个国家和地区发行了 12 个语言版本，并且在多个国家和地区占据市场优势。历经多年研发推广，在全球开发者下载量排行榜上，宝宝巴士长期名列前十，在全球范围内拥有海量活跃用户，互动 App 每月活跃超过 1 亿家庭用户，音视频全球每月播放量超过 120 亿次。在 YouTube 平台，宝宝巴士音视频内容在所在类别播放量 7 个语种排名第一。2021 年，在《2021 年度中国厂商出海 30 强下载榜》中，宝宝巴士超越阿里巴巴、小米集团等企业，位列榜单第三。

2017 年，抖音推出海外版 TikTok 进入苹果、安卓等应用商店，随后便在印度、美国、日本等多个国家蹿红。Sensor Tower 商店情报数据表明，2020 年 12 月抖音及其海外版 TikTok 以 5600 万下载量，位列全球移动应用（非游戏）下载榜冠军。其中，抖音的下载量占 11%，TikTok 美国市场的下载量占 10%。

在数字经济时代，以勇争一流的魄力创出品牌，不断增强中国在全世界信息技术领域的份额和话语权成了各大数字企业、科技企业的新使命。

目前来看,互联网企业确已引领"数字中国"走向国际舞台,并将助力中国在数字化的道路上越走越远。

(二)"走出去"的挑战:数据保护、个人信息安全的合规问题

虽然互联网企业出海已取得一定成效,但出海之路并不顺利,甚至困难重重。

2020 年 6 月 29 日,印度政府在《印度快报》《印度斯坦时报》《今日印度》等印媒宣布禁止微信、TikTok、美图、百度地图等 59 款中国应用在印使用。有关封禁的理由,印度政府给出的解释为,根据《信息技术法》第六十九条第一款以及《2009 年信息技术(阻止公众获取信息的程序和保障措施)规则》的相关规定,决定封杀 59 个应用程序。因为根据现有信息,"这些应用程序从事的活动有损印度的主权和完整、国防、国家安全和公共秩序"。

被封禁的部分应用还在 *Business Insider* 杂志公布的"10 款在印度最受欢迎的中国 App"名单中,却突然被印度官方列为"对国家数据安全构成威胁的中国应用"之一,中国企业出海所面临的挑战和难度可见一斑。

无独有偶,2020 年 8 月 5 日,时任美国国务卿的蓬佩奥宣布了一项旨在"遏制潜在的国家安全风险"的"清洁网络"计划(Clean Network),重点关注五个领域,包括运营商、应用商店、应用程序、云端和电缆,阿里巴巴、百度、中国移动、中国电信和腾讯等企业均在一定程度上受到影响。8 月 6 日晚间,时任美国总统的特朗普又签署两项行政命令,表示由于微信和 TikTok 自动搜集包括美国用户在内的大量用户信息,构成了数据安全威胁,将于 45 天后封杀微信和 TikTok 两款中国公司开发的App。

接连两个消息，为中国企业的出海之路蒙上了厚厚的阴霾。网络安全、数据安全及个人信息保护，成为互联网企业出海征程中无法回避的问题。

（三）从"TikTok出海"看如何迎接互联网公司走出去的挑战

TikTok在美国被强力打压，引起了广泛关注。在宣布签署封禁应用的行政命令后，特朗普再次宣称除非TikTok全盘出售其在美国的业务，否则将"事实性地禁止TikTok"。至此，除了"出售"和"被封禁"，TikTok似乎别无他选。

但在美国政府规定的截止日期前，TikTok找到了第三条路——与甲骨文就数据安全合作方案达成协议，由甲骨文作为TikTok的"可信技术提供商"，满足美国政府关于数据安全、个人隐私保护的要求。按照方案，甲骨文在TikTok的Pre-IPO轮融资阶段入股，仅占股12.5%，TikTok的控制权仍由其母公司字节跳动掌握，TikTok的公司股权架构没有受到严重的实质性影响。业内有人将此戏称为"云上加州"模式。

随着各国数据主权意识的觉醒，越来越多的国家开始加强对本国公民的信息及数据安全保护，要求数据存储、管理与监管实现本地化。企业应如何应对？把业务全盘让渡给他国企业？交出股权让企业彻底"本土化"？我们认为，这些方法与企业走出去、实现全球化的初衷相悖。相反，企业应牢牢抓一个核心——控制权。TikTok的处理方式值得借鉴，针对数据安全、个人信息保护的合规问题可以交由当地政府信任的企业进行处理，但公司的股权、核心管理人员、董事会席位等与公司治理密切相关的架构性设计，仍应为创始股东的控制权考虑。

看到这里，也许你会觉得控制权对创始股东真的有那么重要吗？失去控制权会怎么样呢？除了股权，还可以通过哪些方式获得公司控制权？这些问题我们在下一章继续讲解。

第三节　加速资源优化配置的平台型企业架构设计

2016 年 8 月，全世界市值最高的五家公司中，第一次没有了石油公司、金融公司、工业公司、零售公司，全部变成了互联网平台型公司：谷歌、苹果、微软、亚马逊、Facebook。截至 2020 年 10 月底，全球上市公司市值的最新排名中，两家中国互联网企业赫然在目，分别是腾讯和阿里巴巴，市值均突破 7000 亿美元。在中国经济迅猛发展的十年里，这两家互联网公司是典型的平台型企业。

一、平台型企业能够"赢者通吃"

在《平台革命》一书中，作者指出："平台正在吞食整个世界。"[3] 以平台为导向的经济变革正在重塑产业链，降低交易成本，经济社会运行效率和透明度快速提升，生产方式和生活方式也由此革新。这一过程中，平台企业拥有了经济发展的绝对优势，甚至挤占了能源、金融等传统企业的领先位置。

为什么平台企业会发展得如此迅速？最重要的就是网络效应。梅特卡夫定律（Metcalfe's Law）是"IT 界的三大定律"之一，这一定律认为，网络价值与网络用户数量的平方成正比，即 N 个联结能创造 N 的平方量级的效益。2015 年，中国科学院计算技术研究所的几名博士研究了 Facebook 和腾讯的营业收入与月活跃用户数之间的关系，发现它们的收入的确与月活跃用户数的平方成正比。不同于传统经济理论讲究的"供需平衡"，在平台经济环境中，当用户效用随着其他用户的加入而增加时，网络效应就会凸显。因为所有的用户都加入其中，平台最终会"赢者通吃"。

布莱恩·切斯基和乔·吉比亚毕业于全球顶尖设计院校罗得岛设计学院，是两位颇具创新精神的设计师，但在 2007 年，当他们搬到旧金山后，发现自己连拼租公寓的房租都付不起。为了解决经济困境，即将召开的国际工业设计协会（ICSID）和美国工业设计师协会（IDSA）举办的"连接2007"活动带给了他们灵感。大量的工业设计师将要到此参加年度盛会，但城市的酒店房间显然容纳不下，他们想到了可以共享现有公寓的资源，为参会设计师提供"气垫床＋早餐"（air bed and breakfast）服务，这正是"Airbnb"名称的来源。房间共享的主意得到了几位租客的响应，这些租客使切斯基和吉比亚赚了大约 1000 美元。这次经历也让切斯基和吉比亚发现了巨大的商机，在招募了第三位合伙人内森·布莱卡斯亚克加入后，他们设计了一个网站以更好地连接受众，让更多人可以在网站上向旅行者出租闲置沙发床或客房，而网站会在租金收入中抽取一小部分佣金。这个商业模式，就是爱彼迎的雏形。

二、平台型企业的关键是"连接"吗

（一）把不对称的市场变成对称的市场

平台公司之所以能快速崛起甚至建立起垄断地位，是因为它们将原本不对称的市场变成了对称的市场，并为自身构建起一道"护城河"，美团的成功就是如此。美团所处的餐饮行业原本是一个不对称的市场，初创之时，美团的商业模式为在顾客与商家之间进行信息匹配，主打产品是团购，以此来为商家引流。但这种商业模式存在着巨大的弊端，因为顾客与商户一旦建立了联系，就会甩开美团。于是美团开始进行商业模式创新，并最终以物流来连接顾客和商家，从而构建了一种无法逾越的交付环节。经常在美团上点单的用户会发现，有的商家配送费为0，而肯德基这类商家自行配送的费用高达9元。这充分说明，任何一个单独的商家自建配送都是不经济的，这便是美团所提供的低成本物流的巨大价值。当双边非对称的市场被转化为双边对称的市场时，美团的迅猛发展成了一种必然。

（二）平台型企业进化中应当关注的要素

平台型企业从非对称向对称进化的过程中，有哪些要素需要进行关注？换言之，一家企业向平台型企业发展或转型时，在股权方面需要关注哪些要素？

- 顶层股权架构设计：平台型公司的股权架构应采取何种设计方式，平台之下各个业务板块应该怎样整合在一起，如何构建一套动态股权机制符合平台不断变化拓展的实际需求，都是关系到平台未来发展的决定性问题。
- 人才股权激励安排：平台型公司在进行股权激励时，需要对核心人员进行定位，这是平台整体层面的核心人员还是局部板块的核心人员。明晰定位才能在股权架构中设立适当的持股平台，制定有效的激励方式，从而让"平面"的人才和"单点"的人才各司其职，充分创造价值。
- 业务投融整合布局：如何利用股权投融资提前布局，将核心业务吸收整合，不断拓展业务板块。在后疫情时代，股权投融资能帮助企业在转型平台的过程中，快速扩张，占领市场，最大限度地发挥平台网络效应。

第四节　通过股权架构匹配商业模式重塑需求

在数字经济时代，日趋严格的反垄断监管、重要性日益凸显的企业软实力、企业"走出去"的数据合规要求都对公司的传统股权架构发起了挑战，企业需要通过调整传统股权架构满足稳步发展的基本需要。

不过，求"稳"从来不是我们的终极目的。

数字化浪潮下，每个企业乃至行业都在探索新机会，寻求新的切入点，以拓展和发现更多可能，创造更大的市场。因为身处这个全新时代的我们都很清楚，只有重塑商业模式，完成数字化转型，才能强化竞争优势、抢先占领赛道。

股权，作为匹配商业模式重塑需求的重要治理工具，是管理者手中的一把利剑。下面，我们将体系化地介绍股权融资、股权投资和股权设计在公司发展壮大中的作用，用好这类工具，企业能更好、更快地实现数字化转型。

一、股权融资：追赶时代的"翻身"法宝

企业在追赶数字经济的发展步伐、重塑商业模式时，可能会遭遇很多难题，比如缺乏资金支持、技术资源匮乏、销售渠道闭塞等，最终导致心有余而力不足，只能遗憾退场。其实，重塑商业模式绝非孤军奋战的过程，如能借助股权融资的力量，便能极大地提高公司成功翻身的概率。

"诺基亚"这个手机品牌，曾经凝聚了一代人的岁月回忆，但这个曾经的行业巨人被时代远远地甩在了后面。不过，这个很多人一度以为已经彻底没落的手机品牌，在 2020 年 8 月公布了一则融资喜讯——它的智能手机制造商 HMD Global 得到了谷歌、高通等科技合作伙伴共计 2.3 亿美

元的投资，这笔投资将用于 5G 智能手机的研发，帮助 HMD Global 在巴西、非洲和印度等市场的扩张，以及促使其向软件和服务等其他领域的拓展。

除了资金外，谷歌、高通等科技合作伙伴在诺基亚的手机研发过程中也提供了技术支持，据报道，诺基亚近几年推出的许多手机产品都预装了 Android One 系统，并与谷歌合作定期向用户提供 Android 安全更新，这在一定程度上解决了诺基亚手机此前存在的运行速度慢的问题，提高了用户体验。

诺基亚从"王者"跌落为"青铜"再度稳步上升的过程，历经了功能型手机到 5G 智能手机的商业模式重塑。这一过程不是靠一人之力实现的，其中股权融资带来的力量不容小觑。股权融资将如何服务于公司商业转型的需要，促进企业快速增长，我们将在第四章中进行具体论述。

二、股权投资：巨头们也在走的"捷径"

解决了企业在数字化转型过程中遇到的难题后，如果企业越做越强，其布局将不仅仅局限于自身商业模式的重塑，还会希望进入其他前景较好的新商业领域，拓宽数字经济版图，甚至做新赛道的先行者。这种情况下，企业需要从零做起，亲力亲为吗？

当然不。字节跳动、腾讯、阿里巴巴、美团等头部企业正走着这样的捷径。

(一)"平均每 6 天投资一次"的字节跳动

数字经济加速了各类产业的转型升级，孕育了各种新型商业模式，字节跳动作为商业嗅觉极度敏锐的头部企业，自然不会放过这种优先抢占新赛道的机会。而股权投资成了字节跳动在新商业领域全面布局的重要手段。

根据企查查的数据，截至 2021 年 10 月 19 日，字节跳动对外投资数量总计为 139 起，仅 2021 年数量就高达 54 起，可谓平均每 6 天便投资一次。字节跳动的投资蓝图覆盖了企业服务、数据储存及检索技术服务、协同办公、环保工业互联网、在线签约平台、互联网医疗、网络金融等多个领域的产品，这些新兴产品都是产业数字化与数字产业化转型下的特定商业模式，足见字节跳动在数字经济时代进行股权投资布局之用心。

不过，字节跳动的投资并不等于完全控制，也不意味着要亲自下场。投资完成后，部分投资对象仍然可以保留独立运营的权利，例如制作出海外热门 MOBA（Multiplayer Online Battle Arena，多人在线战术竞技游戏）手游的沐瞳科技等，字节跳动为这些各领域的领军企业留下了充分的自我发展空间，又为它们带来品牌、流量、资本等方面的新动力，以股权投资的方式重塑它们现有的业务板块，整合优化各方面资源，实现全面协同发展。2022 年伊始，字节跳动便启动投资调整。在盘点现有业务后，字节跳动决定加强战略投资的业务聚焦，将战略投资部员工分散至各个业务线，进一步强化投资与业务的协同效应。

（二）腾讯围绕"电商 +O2O 数字化逻辑"的投资布局

据《深网》为腾讯投资董事总经理夏尧做专访时的报道，夏尧表示，2011 ～ 2017 年，腾讯的大消费赛道投资就是围绕电商 +O2O，线下和线上相结合，以及整个线下交易的数字化逻辑进行投资布局。[4]

所谓数字化逻辑，与我们一直介绍的产业数字化有着异曲同工之妙。简言之，就是将传统的线下产业线上化、互联网化，将传统线下消费企业与互联网相互融合。这是数字经济时代的未来趋势，因此吸引了不少头部企业的关注，腾讯自然也不例外。

腾讯希望通过去中心化的方式，把平台向品牌商、零售商以及商业地产等合作伙伴开放，一起探索零售业数字化转型的完整路径，也就是我们说的"平台经济模式"。部分媒体将此举动解读为腾讯与阿里巴巴之间的较量。不管如何，可以肯定的是，腾讯希望乘着"数字化转型"的春风，将原有的线上市场扩展到线下消费，通过大数据、线上营销、物流分发等先进技术对线下零售过程进行升级改造，进而重塑业态结构与生态圈。

秉承着这样的投资布局理念，腾讯陆续投资了永辉超市、万达商业、步步高、海澜之家等线下零售企业或品牌商，通过对这些企业的投资，推动腾讯在营销、管理、供应链的数字化转型，但同时仍然保持由原管理团队决策的经营模式，促进双双联动，最大化产业效能。

由此可见，新商业领域的布局，并不需要企业深入生产、作业的每个环节，正如夏尧所总结的，"企业家是最大的价值所在，把专业的事情交给专业的合作伙伴"[5]，这样才能发挥企业的最大潜力，而这也是股权投资的魅力所在。

(三) 美团、阿里巴巴的餐饮 SaaS 市场之战

SaaS，又称"软件即服务"，具体到餐饮市场，是指服务提供商通过软硬件，例如 App、小程序、H5、POS 机等为媒介获取客户数据、订单数据、资金数据等各种数据。数据是数字经济时代的黄金资源，获取更多的数据，可以使餐饮行业经营者更快速地做出有效判断，降低成本，因此餐饮 SaaS 业务潜力巨大。不过，这一领域入局者尚少，仍是一片蓝海。

美团、阿里巴巴进军餐饮 SaaS 行业时，大多是通过投资或收购餐饮SaaS 行业的头部企业的方式来实现新领域的技术性收割。例如，阿里巴

巴投资二维火，哗啦啦收购客如云、美味不用等，以互联网技术串联本地生活服务生态，打造智慧餐饮生活圈，创造社会餐饮新形态，从而在与美团的竞争中保持了较高的占有率。

综合来看，我们可以发现，股权投资是企业入局新领域、涉足新商业模式的有效捷径。企业无须"白手起家"，相反，由于被投资企业通常都已有较为丰富的行业认知和专业的业务经验，企业可以放手由被投企业独立运营，增强目标企业发展运营的独立性。

三、股权设计：为重塑商业模式预留"退路"

重塑商业模式，归根结底是一场"赌局"。并非所有故事都是喜剧结尾，所以，预留退路尤其重要。

（一）避免一人有限责任公司

《中华人民共和国公司法》（以下简称《公司法》）第三条规定："公司是企业法人，有独立的法人财产，享有法人财产权。公司以其全部财产对公司的债务承担责任。"用一句通俗的话来说就是"一人做事一人当"，公司的债务由公司自行承担，而无论有限责任公司的股东，还是股份有限公司的股东，他们均仅需就其认缴的出资额或股份为限对公司承担责任。

因此，我们从上述法条可以得出这样的推论，进入一些新型业务领域时，企业可以新设一个有限责任公司，避免影响主体业务的正常开展。

《公司法》第六十三条规定："一人有限责任公司的股东不能证明公司财产独立于股东自己的财产的，应当对公司债务承担连带责任。"由于实践中较难搜集到证明个人财产独立于公司财产的证据，对个人股东而言，举证责任较重，因此，从风险隔离的角度，我们通常不建议创始股东设立一人有限责任公司，持股股东至少应为两人，否则将对该名一人股东产生重大不利影响。从架构层面实现创新业务线风险隔离的更多方法，我们将在下一章的第六节一一揭晓。

（二）分拆上市

京东一直走在推动传统产业数字化转型的前沿，尤其是"互联网＋医疗健康"及物联网领域。

2020 年 12 月 8 日，京东就将在线医疗业务子公司京东健康分拆独立，并成功在港上市。

2021 年 5 月 28 日，京东物流作为京东集团第二家分拆上市的公司，成功在港交所挂牌上市。

所谓分拆上市，是指一个母公司将其在子公司中所拥有的股份，按比例分配给现有母公司的股东，从而在法律上和组织上将子公司从母公司中分离出去。京东集团作为母公司，将京东健康、京东物流两个子公司独立出去的行为，就是分拆上市。

选择分拆上市的原因是多种多样的，或是出于拓宽融资渠道、提升子公司整体估值的考虑，或是出于奔赴 IPO 市场、刺激资本收益的考虑，或是为了优化公司内部结构、带动员工积极性……当然，也可能是多重因素的叠加。

不过在我们看来，京东分拆业务的举措，既考虑到了各板块业务的估值，也是为了以股权架构隔离业务风险。一方面，京东与京东物流、京东健康母子公司之间完全分拆独立，能在一定程度上提高子公司估值，从而为母公司带来更高的投资收益；另一方面，不同业务形态通过股权架构设计，可以有效地进行风险隔离。京东分拆的两个子公司运营的业务均为数字经济时代的新商业模式，虽然目前估值已超千亿港元，但未来如何，尚未可知。分拆上市，能够使母公司更加聚焦主业，避免过多地受到子公司营收情况的影响，在一定层面上为京东集团这一母公司的后续发展预留了退路。

分拆上市的做法并不罕见，百度、网易等集团公司也都曾先后宣布将旗下创新业务（如百度的智能生活事业群"小度"、AI芯片业务"昆仑"，网易的移动音乐业务部门"网易云音乐"）拆分，并计划在未来独立上市。

（三）保障创始股东控制权

如前文所述，为实现商业模式的重塑，创始团队可能会借助融资的力量。然而，这为创始股东带来了一些风险，他们的股权可能会在融资过程中被不断稀释，甚至最终导致失去控制权，以"共患难却无法共富贵"的悲剧落幕。究其原因，就是创始团队通常只考虑商业需要，而没有为股权设计尤其控制权保障预留退路。

因此，为匹配重塑商业模式的需求，我们建议创始股东了解本书第二章所介绍的保障控制权的三种架构，提前做好股权设计，在深耕业务的同时，关注自身权益尤其股权权益的保障。如此，才能最终将人、钱、权牢牢抓在自己手中。

股权架构：公司的人、钱、权都与它有关

第一节　数字经济时代的股权设计原则

传统股权架构与财产性出资的比例是紧密相连的，而在数字经济时代，公司的股权架构设计与这个时代独有的特点息息相关。正如本书第一章所述，数字经济下，不管是传统公司的数字化转型，还是信息通信产业的数字产业化，企业核心软实力在其中都发挥着不容忽视的重要作用，而股权更是成为促进技术创新的工具、人才激励的手段以及吸收资本加速发展的杠杆。

基于数字经济时代股权的特点，数字经济时代的股东可能是投资人、创始人、合伙人、核心员工等多种身份的主体。由于不同身份的股东在背景、目标、核心利益等各方面都存在着差异，在公司经营的过程中，其决策的方向也千差万别。因此，如何通过股权架构设计进行人、钱、权的优

化整合，如何在充分利用各项资源促进公司发展的同时保障创始人对控制权与决策权的把握，是极具挑战的问题。

我们认为，好的股权架构设计应该遵循以下四条原则。

一、公司战略是股权架构设计和调整的出发点

现代管理学之父彼得·德鲁克说："战略不是研究我们未来要做什么，而是研究我们今天做什么才有未来。"公司战略是一个公司整体性、长期性、基本性问题的策略，它决定了一个公司在某个阶段的发展方向，也决定了公司股权架构设计和调整。

（一）公司战略决定了谁可以持有公司股权

明确谁应该是公司的股东，谁可以持有公司股权是股权架构设计的一个基本前提。一般情况下，股东是指对公司出资的主体，按照其所认缴的出资比例确定在公司的股权份额。换言之，公司的实际出资人才可以持有公司的股权。但是，在实际情况中，不同类型的公司、处于不同发展阶段的公司，根据公司发展战略的不同，有着不同的股东人选。

比如，某个互联网产品的研发公司，研发团队决定了公司能否做出好的产品、决定了产品是否能持续发展，在这种情况下，公司往往需要授予研发核心人员一定的股权。而某个广告公司，拥有核心媒体资源的人员往往会被授予一定的股权，因为他们是公司该阶段可以发展下去的保障。

除此之外，公司的股权如果授予相应的人员，是应该授予某个人还是应该授予某个核心岗位，如何授予，如何收回，这些问题都应该根据公司的发展战略进行决策。

(二) 公司战略决定公司应采用什么样的股权模型

《公司法》第四十二条规定："股东会会议由股东按照出资比例行使表决权；但是，公司章程另有规定的除外。"这意味着，根据持有表决权股东的份额不同，股东会可以对公司事项做出不同的决议。具体来说，公司的股权模型可以分为绝对控制型、相对控制型和不控制型。

《公司法》第四十三条第二款规定："股东会会议作出修改公司章程、增加或者减少注册资本的决议，以及公司合并、分立、解散或者变更公司形式的决议，必须经代表三分之二以上表决权的股东通过。"绝对控制型是指某一股东持有公司三分之二以上的股权，持有三分之二以上股权的股东理论上已经可以决定公司的所有事务，所以这种模型为绝对控制型股权模型。

《公司法》第一百零三条第二款规定："股东大会作出决议，必须经出席会议的股东所持表决权过半数通过。但是，股东大会作出修改公司章程、增加或者减少注册资本的决议，以及公司合并、分立、解散或者变更公司形式的决议，必须经出席会议的股东所持表决权的三分之二以上通过。"因此，根据公司是否存在某一股东持有公司股权三分之二以下但二分之一以上的股东，可以将股权模型分为相对控制型和不控制型。

公司采取何种股权模型，应该根据公司的发展战略、所处阶段以及经营情况进行选择。

(三) 公司战略决定公司应使用哪种组织形式

在公司应使用哪种组织形式，是有限责任公司还是股份有限公司的问题上，也要基于公司不同阶段的战略进行选择。比如，在初创阶段，最好采用有限责任公司的形式，因为这一阶段公司更需要的是"人合"，是股东之间的信任关系；当公司逐渐走上正轨后，需要资本的注入为公司发展持续助力，有的公司还会设定上市的目标，此时，对"资合"的需求胜过"人合"，则可以考虑采取股份有限公司的形式，这会更容易促成公司战略的实现。

除此之外，在创业初期，人事以及股权关系相对比较简单，利益关系不太复杂，公司的战略目标是快速集中决策、发展业务，在这一阶段，公司可以根据章程约定组织机构，只设置董事、监事，而不设置董事会、监事会。而当公司发展到一定规模、决策机构的规范性要求更高时，必须设立董事会、监事会，定期召开股东大会。

二、选择对的合伙人是股权设计的第一步

公司是既具有资合性质又具有人合性质的组织。在互联网公司，更强调"人"的重要性，因此，"人合"在公司的发展过程中是一个非常重要的因素。尤其在创立初期，这一点更为明显。与什么样的人合伙开公司，是决定公司生死存续的根本问题。雷军曾经说过："小米团队是小米成功的核心原因。""当初我决定组建超强的团队，前半年花了至少80%的时间找人。"选择对的合伙人，是进行股权设计的第一步。找到对的合伙人，并与合伙人就未来的股权设计、利益分配等问题达成共识，是公司顺利发展的起点。

（一）选择利益方向一致的合伙人

不要单纯靠感情来选择合伙人，要选择利益方向一致的合伙人。合伙人有共同的理念和价值观，才能就公司未来的发展战略、利益分配机制达成一致，避免不必要的纠纷。真格基金徐小平说过："不要用兄弟情谊来

追求共同利益，要用共同利益追求兄弟情谊。"

（二）与合伙人就股权安排、利益分配签署明确规范的协议

很多创始人在初期发展时，并未考虑太多，各方就股权、利益分配并未提前约定清楚，或者仅做口头约定而没有签署书面的协议，这就为公司的后续发展埋下了隐患，大量的争议和纠纷由此而生，很多公司因此走向衰落，甚至倒闭。

因此，无论创始人与合伙人之间是何种关系，一定要通过书面协议对股权安排、管理职责、利益分配、权利义务进行明确的约定。事前协议一张，好过事后争议一筐。

三、公司股权架构可以相互制衡，但是控制权必须明确

如前文所述，公司股权模型有绝对控制型、相对控制型、不控制型三种。但从公司管理的角度出发，如果一个公司拥有多个决策人，在发展过程中可能出现"公司僵局"、决策时间过长等不利于公司发展的情形。在实践中，也出现过多起由控制权争夺而引发的闹剧，比如"庆渝之争"，除去夫妻关系之争，本质上也是对当当网的控制权之争。因此，公司的创始人在进行公司股权架构设计和安排时，应该保证自己拥有控制权。创始人可以通过以下四种方式来确保自己的控制权：

（一）保持股权上绝对或相对的控制权

如果公司股权模型属于绝对控制型，创始人可以拥有三分之二以上的股份比例，那么创始人已经对公司拥有绝对的控制权。

如果创始人在股权份额上无法实现绝对控股，那么至少应该保持相对

控股的地位，拥有二分之一以上的股份比例。

（二）与其他合伙人签署一致行动人协议

在实践中，由于各种原因，创始人个人无法保持股权上的绝对控制地位，甚至无法保持相对控制地位，在这种情况下，创始人也可以与合伙人甚至投资人进行提前约定，签署一致行动人协议，在某些事项上保持一致行动。

（三）设计 AB 股结构

公司股权、控制权、收益分配权是三个不同的概念，大部分情况下，三者是匹配的，控制权与表决权挂钩，表决权取决于股东所拥有的股份比例。但是在实践中，三者也可以不完全相关。创始人可以通过采取差异化的投票权架构（AB 股结构）形式把握控制权。

（四）投票权委托

投票权委托是指股权可以将其对某些事项的投票权委托给其他股东行使，创始人也可以通过取得其他股东委托投票的方式，获得其他股东的投票权行使权利，从而间接实现控制权。

四、设计动态的股权调整机制

股权设计不是一成不变的，应该根据公司战略进行动态调整，要做到能进能退，有放有收，既能给出去，还能收回来，也能收回来之后再给出去。

（一）股权设计要为新股东进入预留空间

在公司的发展过程中，引入新的投资人或者拿出部分股权用于员工股权激励已经是司空见惯的事情，因此，公司的创始人在与其他合伙人、投资人商谈股权分配方案时，需要考虑为后续投资人或者员工股权激励预留空间，为将来有可能出现的能为公司带来长期持续价值的人预留一席之地。

要做好这一点，首先要提前预留一定份额的期权池，为将来可能进行的股权激励做好准备。纵观互联网行业，可以发现大多数的大型互联网公司都设置了股权激励制度，因此，创始人在进行股权设计时，可以与各方约定好预留股权激励的份额。同时，公司在进行股权激励时，同样应该考虑后续持续激励的可能。

除此之外，还要预计外部资金或资源进入的方式和途径。公司在发展到一定阶段时，可能需要引入新的投资者，并且为新的资源提供者提供股权回报，因此，在创始股权设计阶段或者投资人进入的时候，需考虑后续新的投资人等主体进入的可能性，并制定好相应的措施。

（二）股权设计要设置旧股东退出的有效机制

在公司的发展过程中，有些人会与公司一路同行，但也有一些人会因为各种原因离开公司，在这种情况下，友好体面地"分手"十分重要。因此，在进行股权设计时，除了要预留新股东进入的空间，还要考虑好旧股东的退出机制，好的退出机制将减少股东退出对公司造成的影响。

特别是实施股权激励的公司，经常会出现获得激励的股东数量大，退出较为频繁的情形，因此，在股权激励方案的设计中设立合理合法的退出机制非常必要。比如在对员工进行股权激励时，对持股员工主动离职、因恶意或重大过失造成公司损失、涉嫌违法犯罪、因自身客观原因不能履行职务等不同情形都要有区分地进行约定。

（三）股权调整机制的原则

动态调整是一个不断变化的过程，具有不确定性。为了保障股权调整机制能够落地实施，设计股权调整机制时应遵守以下几条原则：

1.调整规则应该是可以动态调整的。出于对未来可能出现的不同情况的考虑，在设计调整规则时，需要确保这个调整规则是能根据公司后续发展进行动态调整的。

2.所有合伙人共同参与，调整规则公正、透明、及时更新。为了保障动态规则是能够落地执行的，以及确保各个股东对动态调整规则机制的信任，规则的制定应该保证公正、透明，维护各方合法权益。

3.无论是进入还是退出，创始人应尽量掌握一定的主动权。为了保障创始人对公司的控制权，在设计进入和退出机制时，应该尽可能确保创始人的主动权，这样才能避免股权争议影响公司发展。

五、股权设计的合理模型

根据上述股权架构设计的四条原则，对于数字经济时代的初创公司，我们提供了一个简略股权架构设计的合理模型以供参考：

1.在公司设立初期，建议采用有限责任公司，以"人合"为核心，设置简单灵活的组织架构。

2.区分创始人和合伙人的持股比例，尽量保证创始人的控制权。

3.预留员工激励的空间，可事先搭建持股平台，以合伙企业作为公司股东，员工间接持股，便于管理。

4.预留股权比例稀释空间用于后续股权融资，或引入新的核心资源，以便引入后续的投资者或合伙人。

5.设置股权动态调整的机制和规则，解决退出和新进的问题。

第二节　公司的股权比例如何分配

上一节的内容提到公司股权设计的几个原则，本节内容将结合股权设计的原则，来谈谈公司股权比例如何合理分配。

一、哪些人可能拥有公司的股权

在探讨股权比例的分配之前，我们需要先来了解一家公司可能会有哪些人拥有股权，然后才能决定股权比例在哪些人之间进行分配、如何分配。

（一）以腾讯的股权结构变化为例

腾讯刚刚设立的时候，有五个创始股东：马化腾、张志东、曾李青、许晨晔、陈一丹。当时的股权结构为：总注册资本为50万元，其中马化腾出资23.75万元，持股47.5%，张志东出资10万元，持股20%，曾李青出资6.25万元，持股12.5%，许晨晔和陈一丹各出资10万元，分别持股10%。

1999年，获得IDG（美国国际数据集团）和中国香港盈科（电讯盈科前身）的融资，融资之后，腾讯的股权比例发生了变化：IDG和中国香港盈科共投资220万美元，各占20%的股权，创始团队保留60%的股权。创始团队60%的股权，在创始股东马化腾、张志东、曾李青、许晨晔、陈一丹，以及新增股东林建煌、刘晓松之间进行分配，林建煌、刘晓松之所以成为股东，是因为他们帮助腾讯获得了第一轮融资。

2001年6月，腾讯获得MIH（米拉德国际控股集团公司）的融资，此时腾讯的估值为6300万美元。MIH从电讯盈科、IDG、创始团队手中共收购 46.5% 的股权。此时，腾讯的股权结构为：投资人 MIH、IDG 分别持有 46.5%、7.2% 的股权，创始团队持股 46.3%。

2004 年 6 月，腾讯在香港上市，其上市时的股权结构为：其他公众投资人持有股权 25%，投资人 MIH 持有股权 37.5%，创始团队持有股权 30.73%，其他股东持有股权 6.77%。

（二）公司的股权持有者盘点

一家公司的成立和发展，离不开核心产品和资本两个方面，公司的股权分配也往往与能提供这两方面资源的人相关。从腾讯的股权架构变动历程来看，一个公司的股权架构会根据不同时期、不同发展阶段的需求而产生变化，股东也是如此。通过我们对行业的观察和总结，一般情况下，公司的股权持有者大部分会涉及以下主体：

1. 创始人

创始人可能是某个人，也可能是一个创始团队，比如腾讯创立时的五个创始股东、阿里巴巴创立时的"十八罗汉"等。创始人往往是一家公司的核心。

2. 合伙人

创始人基于公司发展会寻求合伙人。在某种程度上，基于关系的紧密程度、在发展过程中的不同职责，创始团队也可被称为创始人与他的合伙人。

3. 投资人

投资人主要是解决在公司发展过程中所面临的资金问题，很多情况下，投资人不参与公司的实际经营管理，其投资的目的往往不是与公司长久地走下去，而是通过投资行为获得投资收益，因此，他们会在适当的时候退出。比如在腾讯的发展过程中，投资人电讯盈科在1999年投入110万美元获得20%的股权，在2001年以1260万美元售出，以此获得上千万美元的投资收益。

4. 核心员工

数字经济时代，人才已经成为影响一个公司经营的核心要素，很多公司会通过股权激励的方式激励核心员工，吸引员工与公司长久地走下去，股权激励已经成为公司稳定员工、激励员工的重要手段之一。因此，核心员工也是持有公司股权的主体之一。

5. 引入战略资源的人

在介绍腾讯股权变化的过程中，可以看到，2000年，除了引入投资人之外，还增加了林建煌、刘晓松两位股东。2000年，腾讯走到了生死存亡的十字路口，是否有资本进行投资决定着公司的发展与命运，此时的投资资源就是公司的战略资源。林建煌、刘晓松正是因为帮助腾讯获得第一轮的融资而成为股东。在某些时候，为公司带来核心战略资源的人，也有可能成为公司的股东。

二、公司股权比例的分配逻辑

（一）公司股权比例代表了什么

《公司法》第四条规定："公司股东依法享有资产收益、参与重大决策和选择管理者等权利。"在公司实际经营过程中，股东拥有的享有资产收益、参与重大决策和选择管理者等权利，主要通过股东会来实现。公司股东会是公司的权力机构，有权决定公司的重大决策和事项，股东会由全体股东组成。

《公司法》第四十二条规定："股东会会议由股东按照出资比例行使表决权；但是，公司章程另有规定的除外。"因此，公司股东的表决权与其所持有的股权比例息息相关，股东的股权比例越高，其在公司事务决策中的权力越大。如本章第一节所介绍，如果股东所持有的股权超出三分之二或者过半数，其对公司拥有绝对或者相对的控制权。

不过，由于《公司法》也规定了如果章程另有规定，可以不按照出资比例形式表决权的例外法则，在一定程度上为股东在股权比例没有过半数时掌握公司的控制权留下了空间。

（二）公司创始人到底需要多少股权

如前文所述，一般情况下，公司的创始人如果想要获得公司的控制权，必须持有公司三分之二或者过半数的股权。但在实际情形中，在创业初期，创始人一般可以通过较高的股权比重实现对公司的控制权，但是，随着公司逐渐发展壮大继而上市，创始人的持股比例会逐渐稀释，导致持股份额降低。

不少知名企业的创始人实际持有的股权并不高，腾讯上市时马化腾持有14.43%的股权，阿里巴巴上市时马云仅持有8.9%的股权，京东赴港二次上市时刘强东持股15.1%。但是在这些公司，创始人并未丧失对公司的控制权，创始人都采取了一系列措施保障自己对公司的决策权。本章第五节将会介绍创始人通过较小持股比例实现控制权的几种方式。

因此，对"创始人到底需要多少股权"这个问题，并无固定答案，一般情况下最好能够持有过半数的股权比例，如果无法实现，也需要通过一系列配套措施保障控制权的实现。

三、公司股权比例分配应避免的情形

(一) 平均主义股权比例

很多公司在分配股权的时候会遵循平均主义，比如采取 50% ∶ 50%、25% ∶ 25% ∶ 25% ∶ 25%、34% ∶ 33% ∶ 33% 等股权比例结构，我们称之为平均主义股权比例。

"平均主义" 看似公平，实则很可能导致公司难以高效决策，容易引发股东矛盾激化、股东僵局等问题。

股东僵局是指公司在存续运行过程中，由于股东之间股权比例处于僵持情况，导致股东会无法按照法定程序做出决策，从而导致公司陷入无法运转的情形。

比如，当公司采取的是 50% ∶ 50%、25% ∶ 25% ∶ 25% ∶ 25% 的股权比例结构时，由于公司股东会做出决议必须经过半数表决权股东的同意，如果股东中出现两两意见不一致的情况，就会无法形成有效的股东会决议，从而影响公司的正常经营。

而采取 34% ∶ 33% ∶ 33% 的股权比例结构的公司，虽然避免了在过半数事项决策时的僵局情形，但是在某些重大事项需要经过三分之二表决权同意的情形下，也容易造成僵局。

(二) 控制权失衡

在 45% ∶ 45% ∶ 10% 的股权比例模型中，如果两个持有 45% 股权的大股东发生争议，最终公司事务的决策权反而会落到持有 10% 股权的小股东的手中，从而造成公司的控制权与收益权失衡的局面。

（三）创始人股权比例过低

创始人股权比例过低，将会失去对公司的控制权，最终甚至会饮恨离开公司。

以汽车之家为例，2005 年李想创办汽车之家网站，2007 年秦致加入汽车之家，后经过投资方进入和多轮增持，到 2013 年，李想和秦致的股权分别被稀释到 5.3% 和 3.2%，而李想在 2015 年不再担任汽车之家总裁一职，2016 年 6 月，秦致也卸任汽车之家 CEO 的职位。

同样的案例也曾经出现在苹果公司，苹果上市后，作为创始人的乔布斯仅拥有苹果 15% 的股权，1985 年，由于公司业绩严重下滑，董事会通过表决，将乔布斯逐出苹果。

综上所述，对公司股权比例的分配一定要慎之又慎，在了解哪些人可能拥有公司股权的基础上，应充分理解公司股权所蕴含的一系列法定权益。同时，要尽可能避免平均主义、控制权失衡或创始人股权比例过低等情形，建立科学、合理的股权比例结构。

第三节　哪类股权架构能更好地吸引投资人

创业初期，很多公司会面临创始团队拥有优秀的技术实力却缺乏资本的情形。当公司摆脱了早期的困窘、想要发展壮大时，也必然会产生对资金的渴求。无论公司处于哪个阶段，寻找投资人都是重中之重，很多投资人也往往愿意去投资一些前景良好的初创公司，从而获得投资收益。因此，对于有投资需求的公司来说，在设计股权架构之初，就需要将投资人的因素考虑在内，使公司的股权架构既能为投资人的进入预留空间，又能保障创始人的控制权。

本节主要探讨哪类股权架构能更好地吸引投资人，在后续章节，我们也将探讨如何建立保障投资人控制权的股权架构设计模式。

一、投资人评估目标公司的三个要素

如果把投资人对公司的投资比喻成一场婚姻，投资人就是以离婚为目的和公司结婚的人。因此，投资人对所投资公司的要求与创始团队不同，创始团队希望的是公司能长长久久地发展下去，但投资人更倾向于追求短期利益，即能在较短的时间里获得更多的投资收益。同时，投资人不参与公司的实际经营管理，因而投资人对资金的安全使用保障等方面会有更多要求。

如果投资人与公司的"离婚"是一场宿命，那么，做好"婚前协议"——设计一个好的股权架构才能更好地保证双方"好聚好散"。

在开始一段"婚姻"之前，双方必然会对对方进行全面评估。从投资人的角度来看，评估一个目标公司是否可以投资，主要考量以下三个要素：

（一）创始人或者创始团队是否出色

通过现实中的很多案例，我们可以看出，很多时候，投资人投资的不是某家公司，而是创始人或者创始团队。尤其是互联网行业，投资的本质是投资"人"。因此，创始人或者创始团队的能力、人品是投资人投资目标公司时重点考量的因素。

（二）是否具备明确的商业模式或盈利模式

投资人的目的是在较短的时间内获得较大的投资回报，因此，对于投资人来说，有明确的商业模式或盈利模式，是进行投资的前提。

（三）股权结构是否清晰合理

由于投资人一般不参与公司的实际经营管理，清晰合理的股权结构能降低人性为公司带来的不确定性风险，强化明智决策者的领导地位并起到兼顾保障资金安全的作用，从而容易获得投资人的青睐。

二、不受投资人欢迎的四种股权架构

明白了投资人在投资时的考量因素，我们便可以有针对性地分析投资人的喜好，避开投资人不欢迎的股权架构设计。正如列夫·托尔斯泰所说，"幸福的家庭都是相似的，不幸的家庭各有各的不幸"，尽管不同投资人的喜好千差万别，但有一点是一致的——确保自己的钱一定是安全的。

好的股权架构设计有很多种，但在此我们将反其道而行之，探讨四种可能导致投资人的钱变得不安全的、不受投资人欢迎的股权架构。

（一）平均主义

平均主义股权架构隐藏着很严重的弊端，之前所说的影响公司决策就是其中之一。无论创业还是公司的后续发展都不会是一帆风顺的，经常会遇到各种风险，越是在紧急的时刻越是需要快速决策，尤其是在高速发展的互联网行业，决策是否迅速将会对公司的运营产生巨大的影响。而平均主义股权架构导致各个决策主体势均力敌，没有最终的决策人，这种情况下，往往很难快速地做出有效的决策，最终使问题变得越来越严重。

另外，这种设计也容易造成对股东关系的挑战，导致股东矛盾激化。不同性格的人面对不同的问题可能有不同的解决思路，有的人在面临发展机遇或者难题时会采取激进的解决方式，有的人则比较保守。在利益非常大但所有人都无法获得最终决策权的情况下，股东之间极易产生矛盾与纠纷。

我们说投资行为的本质就是投资"人"，同样，股权的设计也是人性的设计。在股权架构设计上，尽量不要做违反人性的安排，而平均主义的股权架构表面上虽然保障了公平，实际上反而容易引发更多的问题。

（二）一股独占

一股独占是指创始人一人独占公司绝大部分股权，几乎所有的股权都在一位股东手里。对于公司的短期发展而言，一股独占可以实现创始人对公司的绝对控制，但这也往往是投资人最为介意的地方。利益代表当下，股权代表未来，一股独占意味着创始人不愿意分享股权，不愿意共享长期利益。这种股权架构设计的导向会给投资人造成只注重短期利益的印象。

一股独占的模式还容易导致公司行为与大股东个人行为混同，人性的不确定性会给公司带来波动，使投资人很难获得长期稳定的收益价值。这也是投资人不希望看到的。

（三）夫妻股东

夫妻股东也是常见的一种股权架构模式，但是在实践中，夫妻股东更容易因为感情破裂而争夺股权，或者约定不明导致股权不清、公私不分导致财产混同，因此，夫妻股东也是投资人非常介意的一种股权架构模式。

当当网的创始人李国庆、俞渝的离婚纠纷引起了全国人民的关注。这场闹得沸沸扬扬的离婚大剧可谓一波三折，先是李国庆在接受采访时摔杯使矛盾公之于众，紧接着俞渝又发长文讨伐李国庆，后来更是接连发生了李国庆抢公章等突发事件。在感情纠纷掺杂着股权纠纷的复杂情况下，俞李二人离婚纠纷一日未有最终定论，投资人便一日不敢登上当当网这艘船。

"再拖下去，当当网的步子会越来越慢。"在当当网大规模裁员后，一位当当网的资深员工曾经这样感慨过。一位高管也曾经披露，"很多资本方都排着队地跟我们沟通，一旦官司落停，当当网将会迅速走上商业正轨"。

但是，在飞速发展的今天，俞李二人的离婚纠纷已经大大拖慢了当当网的发展进程，而该离婚纠纷何时终结，是否仍然能够享受到时代发展的红利，将是一个未知数。

（四）股权代持

股权代持是指实际出资人与他人约定，以他人的名义在工商登记等场合代实际出资人履行股东权利义务的一种股权处置方式。股权代持发生的情形有很多种，比如实际股东出于某种原因不方便出面担任股东、在股权激励中为了简化流程和手续帮激励员工代持、规避法律规定的股东人数上限等。

股权代持极易引发股权纠纷，股权代持一般会涉及三个层次的法律关系：实际股东与名义股东的法律关系，实际股东、名义股东与公司之间的法律关系，实际股东、名义股东与公司外第三人之间的法律关系。法律关系的复杂和多样必将导致纠纷的易发和频发。根据我们的简略统计（见图 2-1），近年来，由股权代持引起的纠纷随着时间呈几何级增长，2020 年的股权代持纠纷数量已经增长为 5444 件。

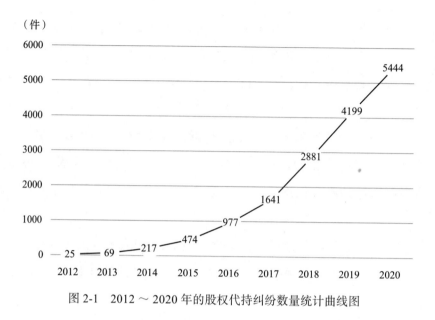

图 2-1　2012～2020 年的股权代持纠纷数量统计曲线图

　　股权代持还会使股权的结构不清晰，投资人无法掌握公司的实际股权和控制人的情况。尤其是发生纠纷后，代持关系的存在使投资人很难对实际股东进行追责。

　　在上市之前股权代持关系必须清理，《首次公开发行股票并上市管理办法》第十三条规定："发行人的股权清晰，控股股东和受控股股东、实际控制人支配的股东持有的发行人股份不存在重大权属纠纷。"委托持股会影响发行人股权的清晰度，且股权代持协议可能因具体情况而被认定为无效合同或者可撤销合同，存在潜在的股权纠纷风险，因此股份代持一般被认为是股权不够清晰，要求清理后才能允许上市。而在清理过程中，股权争议和纠纷会频繁发生，很多公司的上市进程由此被延误。

　　因此，从投资人的角度出发，往往不愿意投资这种股权结构特别复杂的公司。

第四节　公司持股主体如何设计

在实践中，常见的公司股东有自然人股东、企业法人股东、合伙企业股东等多种持股主体，虽然不同的持股主体享有的股东权利并无明显差别，但是由于法律性质不同，在公司架构中的作用、控制权、税负承担等方面有所差异。因此，在进行公司股权设计时，需要综合考虑不同持股主体的情况，根据实际需要进行股权架构的设计。

一、不同持股主体设计的法律依据

《公司法》并未直接规定公司股东可以为自然人、企业法人、合伙企业，但是从股东设立和登记的相关流程可以看出，自然人、企业法人、合伙企业等非法人组织都可以成为公司的股东。

《公司法》第三十一条规定："有限责任公司成立后，应当向股东签发出资证明书。出资证明书应当载明下列事项……（四）股东的姓名或者名称、缴纳的出资额和出资日期……"同时，《中华人民共和国公司登记管理条例》（以下简称《公司登记管理条例》）第二十条也规定："申请设立有限责任公司，应当向公司登记机关提交下列文件……（四）股东的主体资格证明或者自然人身份证明……"从上述法律规定可以看出，有主体资格证明和自然人身份证明的自然人、法人、非法人组织都可以登记为有限责任公司的股东。

《公司法》第九十二条规定："董事会应于创立大会结束后三十日内，向公司登记机关报送下列文件，申请设立登记……（六）发起人的法人资格证明或者自然人身份证明……"从这条规定可以看出，股份有限公司的发起人似乎只能是"法人"或者"自然人"，"合伙企业等非法人组织"不能成为股东有限公司的发起人。然而《公司登记管理条例》第二十一条规定："申请设立股份有限公司，应当向公司登记机关提交下列文件……（四）发起人的主体资格证明或者自然人身份证明……"可见，只需要发起人的主体资格证明而并非法人资格证明，在实践中，合伙企业也可以登记为股份有限公司的发起人。

我们以曾经引起很多人关注的蚂蚁集团的股权架构（见图2-2，统计截至2021年6月15日）为例，可以看出该公司除了有公司股东之外，还有大量的有限合伙等非法人组织股东，甚至还有"全国社会保障基金理事会"等非法人组织。

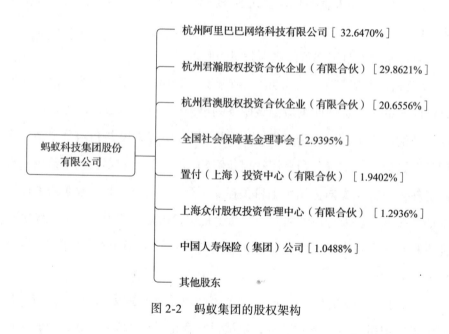

图 2-2　蚂蚁集团的股权架构

综上可知，自然人、企业法人、合伙企业、其他非法人组织等都可以作为公司的持股主体。

二、不同持股主体优劣对比

自然人、企业法人、有限合伙企业是实践中比较常见的几类持股主体，下面我们将对它们的优劣进行探讨。

（一）自然人作为持股主体

自然人持股是最常见也最容易理解的情形，指的是出资的股东直接以自然人的身份登记为公司的股东。

1. 自然人持股的优势

简单易操作、权责分明是自然人持股的最大优势。自然人登记为公司股东，无须先行设置其他机构，操作比较简单；同时，自然人登记为股东，直接行使自己的股东权利，无须经过其他步骤和流程，可以保障股东个人对其所拥有股份比例的控制权。

2. 自然人持股的劣势

（1）与其他持股主体相比，自然人股东更容易被要求承担股东责任，风险相对较高。《公司法》规定了某些情形下，股东可能对公司债务承担连带责任或者补充责任，在这种情况下，如果以自然人身份作为股东，相比其他企业法人等机构作为股东更容易被追溯股东责任。

（2）当公司发展壮大时，自然人股东的数量会受到公司法定人数的限制。在我国，有限责任公司的股东人数上限为50人，股份有限公司股东人数上限为200人。当公司发展到一定规模时，自然人股东的数量就会受到限制。同时，当公司发展较好、资产价值较高时，自然人股东的进入或退出都需要比较高的成本。

（3）相对其他主体的股东而言，自然人股东利用合理合法的税务政策进行税务筹划的空间相对较小，股东利润分配、股权转让都需要缴纳高额的税金。

（二）企业法人作为持股主体

企业法人持股的适用场景也非常普遍，各大公司进行股权架构设计的时候，经常采用多层次企业法人持股的结构。

1. 企业法人持股的优势

（1）自然人作为持股主体时很难隔离股东风险，而企业法人作为持股主体，公司的债务人需要穿透多个层次的主体才能追溯到自然人股东的责任，相对而言风险较低。

（2）企业法人持股能够适用于更复杂的公司股权结构，比如在公司需要搭建 VIE 架构、公司多个业务线或者业务领域分割经营、对外进行投资等场景，通过企业法人持股的方式更能满足要求。从公司的长远发展以及上市计划来考量，企业法人持股也更具优势。

（3）通过企业法人持股可以利用某些税收优惠政策进行税务筹划，比如某些地区有税收优惠政策，可以考虑在当地设置企业法人主体享受这些税收优惠政策。

2. 企业法人持股的劣势

（1）相比自然人直接持股而言，设置一个或多个公司来进行股权架构设计流程较为复杂，需要耗费的时间更多，成本也更高。

（2）企业法人持股可能面临双重缴税的问题，比如在企业法人股东转让股权退出公司时，可能既需要企业缴纳企业所得税，又需要企业法人的股东缴纳个人所得税。

（3）企业法人的股东变动流程也更为复杂，需要经过不同层次的股东会会议决议和流程，甚至可能会因为涉及不同的股东导致无法做出决议或者做出决议成本过高。

（三）有限合伙企业作为持股主体

有限合伙企业作为持股主体，常见于投资机构、作为股权激励平台等情形。

1. 有限合伙企业持股的优势

（1）有限合伙企业作为持股主体最大的优势在于可以利用有限合伙的特征，在持有公司较低份额股权的情况下，实现对公司的控制权。有限合伙企业分为普通合伙人和有限合伙人，《中华人民共和国合伙企业法》（以下简称《合伙企业法》）第六十七条规定："有限合伙企业由普通合伙人执行合伙事务。执行事务合伙人可以要求在合伙协议中确定执行事务的报酬及报酬提取方式。"因此有限合伙企业与普通企业法人不同，有限合伙人由普通合伙人执行合伙事务，与普通合伙人在合伙企业中是否持有多数份额无关。基于这个规则，通过有限合伙企业持股的方式可以起到杠杆的作用，实现对公司的控制。

（2）有限合伙企业不征收企业所得税，因此可以避免双重征税问题，还可以实现通过在不同地区设置主体享受税收优惠政策的可能性。

2. 有限合伙企业持股的劣势

有限合伙企业持股的最大劣势同样也来源于有限合伙企业的特性，根据《合伙企业法》第二条第三款规定："有限合伙企业由普通合伙人和有限合伙人组成，普通合伙人对合伙企业债务承担无限连带责任，有限合伙人以其认缴的出资额为限对合伙企业债务承担责任。"因此普通合伙人在利用其身份实现控制权的同时,还需要对合伙企业的债务承担无限连带责任,普通合伙人的债务风险相对较高。这也是有限合伙企业一般不作为实际经营的主体,而更多地作为资金运作、股权激励平台的原因。

当然,不同持股主体的优劣并非固定不变,在不同的情形和场景下,不同持股主体的优缺点甚至会互相转换。因此,在进行持股主体的选择时,一方面要充分考虑到公司的实际情况,另一方面,也需要设计动态调整机制。

三、持股主体设计的考量因素

虽然不同持股主体都有其优势与劣势,但是公司持股主体的考量,需要综合公司整体情况来看。一般而言,我们认为公司在选择使用何种主体作为持股主体时可以考虑以下几个因素:

(一)公司所处的阶段和未来的发展趋势

与企业法人持股和有限合伙企业持股相比,自然人持股更为简单,所以在公司设立的初期或者公司经营模式、股东情况在很长一段时间内比较稳定和简单的情况下,可以选择自然人持股的方式。如果公司已经有长久的业务规划,未来可能进行股权激励、业务分离、引入投资等,就需要考虑采取比较复杂规范的架构体系,以便后续各个事项的顺利进行。

(二)公司业务发展模式和风险级别

如果公司的业务模式风险较高,在这种情况下需要更多地考虑公司和股东风险隔离的情况,从架构层面实现公司和股东的业务风险隔离。关于如何通过股权架构设计的方式实现风险隔离，我们将在本章第六节进行探讨。

（三）公司财务和税收政策的考虑

我国相关税收法律和税收政策较为复杂，针对不同的主体、不同的地域实施了不一样的税收优惠政策，这为公司合理合法地进行税务筹划留下了空间。因此，如何通过股权主体的设置更好地规范公司的财务管理制度和进行税务筹划，是我们在进行股权架构设计时必须考虑的问题。

第五节　保障控制权的三种架构设计

把企业做大做强是每个创始人的目标，然而，一个残酷的现实是，在企业发展壮大的过程中，创始人的控制权难以避免地会被削弱。当创始人的股权稀释到一定程度时，创始人对公司的控制权就会受到威胁。如何才能使创始人在无法实现股权控股的情况下实现对公司的控制权？以下三种架构设计的方式值得参考。

一、双重股权结构设计

（一）什么是双重股权结构

双重股权结构起源于20世纪60年代的美国，主要是为了防止家族控制权失控而设立的，又被称为AB股结构、二元股权结构，是指上市公司可以同股不同权，通常情况下，一般股东一股一票，但公司少数高管可以一股数票。与同股同权的制度不同的是，双重股权结构将股票划分为高、低两种投票权，高投票权的股权一股拥有更多的决策权。双重股权结构可以使现金流与控制权分离，从而实现对公司的有效控制。

2014 年 8 月，港交所公布了"不同股票权架构概念文件"，就是否应允许同股不同权架构展开讨论。2018 年，港交所陆续发布了《新兴及创新产业公司上市制度》及其咨询总结，2018 年 4 月 30 日，新的上市制度正式生效，允许拥有不同投票权架构的公司上市。

（二）采用双重股权结构设计的公司

互联网行业已经有很多上市公司采取双重股权结构设计，比如小米、优刻得、拼多多、虎牙、Facebook（已更名为 Meta Platform）等。我们以优刻得和虎牙为例，来看看如何通过双重股权结构获得公司的控制权。

1. 优刻得的双重股权结构设计

2020 年 1 月，优刻得科技股份有限公司（以下简称"优刻得"）在上交所科创板挂牌上市，成为 A 股市场首家采用双重股权结构的上市公司。始创于 2012 年的优刻得以第三方云计算为主营业务。但同其他快速发展的独角兽企业一样，优刻得在成长历程中获得的多轮融资也逐步稀释了创始人股权。上市发行前，季昕华、莫显峰以及华琨三位联合创始人仅合计持有公司 26.8% 的股份。

2019 年 3 月，在 2019 年第一次临时股东大会上，优刻得表决通过了《关于〈优刻得科技股份有限公司关于设置特别表决权股份的方案〉的议案》。经此决议，三位创始人持有的 A 类股份每股拥有的表决权数量为其他股东所持 B 类股份相应表决权的 5 倍。也就是说，通过设置双重股权架构，三人共持有优刻得 64.7% 的表决权，即便面临公司股本扩张、创始团队股权稀释的情况，他们三人也能保持对公司经营管理、股东大会重大决议的有效控制。

2. 虎牙的双重股权结构设计

通过虎牙招股说明书可以看出，虎牙也设置了 AB 股，其中 A 类股 1 股 1 票，B 类股 1 股 10 票。

虎牙上市时，腾讯持有 34.6% 的股权，投票权 39.8%，YY 持股 48.3%，投票权 55.5%。但虎牙上市之前，腾讯就已经通过协议约定腾讯有权以公平市场价格购买更多股份，使其投票权达到 50.1%。

截至 2021 年 3 月 31 日，腾讯持有虎牙 47.4% 的股权，拥有 69.7% 的投票权，手握对虎牙的控制权。

（三）如何进行特别双重股权结构设计

1. 中国内地的公司是否可以设置双重股权结构

目前，采用双重股权结构的公司大多为在美国、中国香港上市的公司，那么，双重股权结构设计在中国内地是否有可以落地执行的法律依据？

（1）有限责任公司存在通过章程规定进行双重股权结构的可能性。《公司法》第四十二条规定："股东会会议由股东按照出资比例行使表决权；但是，公司章程另有规定的除外。"从这条规定可以看出，法律虽然规定了股东应该按照出资比例行使表决权，但是如果章程进行特殊规定，也并不违反《公司法》的规定，因此，笔者认为，有限责任公司存在进行双重股权结构设计的可能性。

（2）股份有限公司目前暂不能采取双重股权结构设计。《公司法》第一百零三条规定："股东出席股东大会会议，所持每一股份有一表决权。但是，公司持有的本公司股份没有表决权。"这条规定并没有就"一股一权"有除外情形的约定，同时第一百二十六条规定了"股份的发行，实行公平、公正的原则，同种类的每一股份应当具有同等权利。同次发行的同种类股票，每股的发行条件和价格应当相同；任何单位或者个人所认购的股份，每股应当支付相同价额"。由此可见，《公司法》对股份有限公司的同股同权进行了严格的规定，所以在 A 股上市的公司不能采用双重股权结构的设计。

（3）2019 年 3 月 1 日上海证券交易所发布的《上海证券交易所科创板股票上市规则》（在 2019 年 4 月和 2020 年 12 月经历了两次修订）为在科创板上市的公司发行具有特别表决权的类别股份，预留了可能性。《科创板股票上市规则》第四章第五节 4.5.1 条规定："上市公司具有表决权差异安排的，应当充分、详细披露相关情况特别是风险、公司治理等信息，以及依法落实保护投资者合法权益规定的各项措施。"这条规定允许在科创板上市的公司安排表决权差异的股权结构设计。

2. 如何做特别表决权安排设计

（1）特别表决权机制设计

双重股权结构设计，需要将公司的股票分为高、低投票权两种级别，分别为 A 类普通股、B 类普通股。一般情况下，A 类普通股为普通投票权股票，一股拥有 1 票表决权，B 类普通股为超级投票权股票，一股拥有 10 票或更多的表决权。其中 B 类普通股在任何时候都可以转换为 A 类普通股，但是 A 类普通股无法转换成 B 类普通股。

（2）保留事项限制安排

由于 B 类普通股具有超级投票权，一股拥有更多的表决权，但是为了保障全体股东的合法权益，对 B 类普通股在一些重要事项的投票上进行保留，主要包括以下可能对公司产生重大影响的事项：对公司章程做出修改，改变 B 类普通股享有的表决权数量，聘请或解聘公司的独立董事，聘请或解聘为公司定期报告出具审计意见的会计师事务所，公司合并、分立、解散或者变更公司形式等重大事项。

二、投票权委托

（一）什么是投票权委托

投票权委托是指公司的部分股东，可以通过协议约定的方式，将其所持有股权的投票权，在一定期限内委托给某个特定的股东（比如实际控制人）行使，使该股东所能行使的表决权超出其自身所持有的股权数额，从而间接实现对公司的控制权。

《公司法》第一百零六条规定："股东可以委托代理人出席股东大会会议，代理人应当向公司提交股东授权委托书，并在授权范围内行使表决权。"该条款说明投票权委托符合法律规定，法律允许股东将表决权委托给他人行使。

（二）采用投票权委托的公司

从京东在 2014 年上市时的招股说明书可以看出，刘强东通过投票权委托的方式获得了公司的控制权。当时，刘强东虽然只持有约 18.8% 的股权，但是通过与投资人约定的方式，他取得了红杉资本、腾讯、高瓴资本等 55.9% 的投票权。除了京东之外，阿里巴巴、小米也存在投票权委托的情形。

在实践中，很多公司通常会采取多种控制权策略相结合的方式来实现，京东除了投票权委托之外，也存在双重股权结构设计，从而使刘强东拥有更多的投票权。

从京东 2017 年递交给美国证券交易委员会（SEC）的文件可以看出，刘强东持有 16.9% 的股权，但拥有 79.5% 的投票权。

三、一致行动人协议

（一）什么是一致行动人协议

一致行动人协议是指公司的股东通过协议或者其他安排，与其他股东就公司某些表决事项约定进行一致行动，从而扩大其所能支配的公司表决权数量。公司的创始人可以通过与其他合伙人、投资者约定和签署一致行动人协议，来保障自己对公司的控制权。这里所说的"一致行动人协议"，既可以是各方签署专门的一致行动人协议，也可以是各方通过投资协议、章程或以其他方式约定的一致行动人条款。

各方可以通过书面协议约定进行一致行动，即使没有书面约定，上市公司的各个股东之间也有可能被认定为一致行动人。《上市公司收购管理办法》第八十三条规定："在上市公司的收购及相关股份权益变动活动中有一致行动情形的投资者，互为一致行动人。如无相反证据，投资者有下列情形之一的，为一致行动人：（一）投资者之间有股权控制关系；（二）投资者受同一主体控制；（三）投资者的董事、监事或者高级管理人员中的主要成员，同时在另一个投资者担任董事、监事或者高级管理人员；（四）投资者参股另一投资者，可以对参股公司的重大决策产生重大影响；（五）银行以外的其他法人、其他组织和自然人为投资者取得相关股份提供融资安排；（六）投资者之间存在合伙、合作、联营等其他经济利益关系；（七）持有投资者 30% 以上股份的自然人，与投资者持有同一上市公司股份；（八）在投资者任职的董事、监事及高级管理人员，与投资者持有同一上市公司股份；（九）持有投资者 30% 以上股份的自然人和在投资者任职的董事、监事及高级管理人员，其父母、配偶、子女及其配偶、配偶的父母、兄弟姐妹及其配偶、配偶的兄弟姐妹及其配偶等亲属，与投资者持有同一上市公司股份；（十）在上市公司任职的董事、监事、高级管理人员及其前项所述亲属同时持有本公司股份的，或者与其自己或者其前项所述亲属直接或者间接控制的企业同时持有本公司股份；（十一）上市公司董事、监事、高级管理人员和员工与其所控制或者委托的法人或者其他组织持有本公司股份；（十二）投资者之间具有其他关联关系。一致行动人应当合并计算其所持有的股份。投资者计算其所持有的股份，应当包括登记在其名下的股份，也包括登记在其一致行动人名下的股份。"

（二）通过一致行动人协议实现控制权的公司

在实际的公司架构设计中，也存在很多通过一致行动人协议实现控制权的公司。

2020 年 9 月 18 日，中国最大的第三方虚拟商品服务平台运营商——福禄控股在港交所正式挂牌上市。股东符熙、张雨果、水英聿以及赵笔浩（各位执行董事）于 2020 年 2 月 21 日订立一致行动协议，以确认及承认各自一致行动关系的性质。根据各方的一致行动协议，创始股东在资本化及全球发售之前合计持有已发行股本 86.85% 的权益，在资本化及全球发售之前合计持有已发行股票的 65.14%，从而保证创始团队对公司的控制权。

综上可知，创始人在无法实现股权比例上的控制权时，可以通过上述股权设计的方式来保障对公司的控制权。这些股权设计方式既可以单独使用，也可以多种策略组合。

第六节　创新业务线的风险隔离

防范风险是股权架构设计的一个重要作用，特别是对于一些新兴行业如互联网行业，这些行业的技术发展和模式创新更为迅速，因此，在某些时候，可能会出现由于法律监管暂时滞后无法确定新业务发展模式是否合规、是否具有前景等各种情况。比如社交电商现在发展得如火如荼，但是在早期，涉嫌"传销"一直是社交电商悬在头顶的"达摩克利斯之剑"；在现在非常热门的直播行业，竞猜玩法涉赌也是挥之不去的阴影。

为了尽量避免新的业务模式影响成熟健康发展的原有业务，将新业务与原有业务在架构设计的层面进行风险隔离，是企业经营者需要提前思考的问题。

一、新业务架构模式的不同选择

在实践中，对于创新业务，一般公司可以采取体内模式和体外模式两种选择。

（一）体内模式

体内模式是指由原有核心公司主体对新业务模式所经营的主体进行100%持股或者控股。以阿里系公司为例，淘宝直播、躺友等业务模式的经营主体浙江阿里巴巴通信技术有限公司、阿里未来酒店管理（浙江）有限公司、阿里巴巴（海南）数娱有限公司、南京淘宝软件有限公司都是由淘宝（中国）软件有限公司100%持股。这种模式的好处是对新业务和新主体的控制力强，原核心主体对新业务有绝对的掌控力。

（二）体外模式

体外模式是指先不以核心主体公司作为新业务的股权主体，由独立的新主体经营新业务，等到新业务成熟后，再纳入原有核心主体的模式。在大部分情况下，创新业务先进行体外孵化是更好的选择，一方面，这可以避免因为创新业务孵化失败而拖累原主体的业绩，另一方面，如果创新业务风险较高，这样做也可以避免对原有业务的干扰。

在本节中，先不讨论体内控股这一模式，主要探讨对于创新业务线如何通过体外模式来实现架构层面的风险隔离。

二、为什么要进行架构层面的风险隔离

企业在经营过程当中，不可避免地会接触到很多已经确定安全的项目和一些不能确定安全性的项目。如果把这两种项目放在同一个主体下，风险很大。一旦安全性不确定的项目出现问题，其他项目甚至整个公司的运营都会受到负面影响。以互联网行业为例，常见的风险有开发失败面临巨额债务、产品侵权陷入漫长诉讼、遭遇巨额监管处罚，甚至刑事责任的承担等，这些风险一旦发生，会导致企业账户被查封、股权被冻结。

正是因为风险发生后的补救成本远远高于预防成本，所以我们必须达成一个共识：风险防范的最好方式不是事后救济，而是事先隔离。产权清晰、权责明确、管理科学是现代企业制度的重要特征，因此，利用企业制度的特性，从架构上实现风险隔离，是最高效的方式。

三、通过股权架构进行风险隔离的问题

在通过股权架构进行不同业务、不同主体的风险隔离之前，首先要想清楚以下三个方面的问题。

第一个方面的问题是，即将通过架构实现风险隔离而成立的新主体，其股东架构、法定代表人、高级管理人员是否需要与核心安全主体的股东、法定代表人和高级管理人员架构保持一致或者相似性？如果二者存在一定的重合，是否能达到风险隔离的目的？如果二者完全不一致，也可能出现新的问题，比如如何选择和确定新主体的股东和法定代表人的人选？

第二个方面的问题是，一旦被隔离风险的新主体在设立时存在的高风险问题因为各种各样的原因消失，比如所经营的项目、新的商业模式和技术模式经过法律验证确定是安全合规的项目，那么，在双方架构被隔离的情况下，新主体的盈利如何回归主要核心主体，进行资本化？

第三个方面的问题是，被隔离风险的新主体，如果只在主体层面进行表面上的隔离，比如虽然股东和法定代表人不一样，实际上仍和核心主体在同一场所办公、使用同样的员工进行生产经营活动，这样的架构能不能真正达到风险隔离的目的？如果想要达到风险隔离的目的，企业还需要做什么准备？

对于一些进取型的、喜欢做前沿领域业务的企业，这三个问题是必须要想清楚并做出合理评估的。只有实现了架构风险隔离、产品风险隔离、人员风险隔离，才能确保企业将风险降到最低，在出现危机的时候负面影响降到最小。

四、如何实现股权架构的风险隔离

从上述三个问题中，我们可以看出，通过架构设计的方式隔离风险，既要保持被隔离主体的独立性，还需要保持对其的控制，二者之间需要达到平衡。

（一）保持被隔离主体架构的独立性

要想通过股权架构的方式实现风险隔离，前提是在架构设计上保持不同主体的独立性，做到各自独立经营不同的业务，独立承担不同业务的风险责任。"一套人马，多套班子"的做法无法真正起到完全隔离风险的作用，因此，对于风险级别较高的业务模式，企业需在主体架构设计、业务经营以及人员方面真正做到独立。一般来说，绝对的独立需要做到以下几点：

1. 保持主体架构设计的独立性

主体架构设计的独立性，是指新主体在设立时需要在股东人选、法定代表人、高级管理人员方面做到独立，最好可以选择与核心主体无关联的人员担任新设公司的股东、法定代表人、董事、监事等职位。

2. 保持业务经营的独立性

保持业务经营的独立性，需要业务产品对外展示、业务经营、宣传推广、许可申请、合作协议签署等方面均以新主体的名义对外开展。

在业务方面的经营决策，由新设主体的股东、法定代表人或者高级管理人员制定。

3. 保持财务数据的独立性

新主体的财务应独立核算，不与原有主体的账目往来进行关联，与新主体业务相关的成本和收入均由新公司支付和收取。

4. 保持人员方面的独立性

人员方面的独立性，是指需要以新主体的名义与实际从事该业务的员工签署独立的劳动合同、发放工资，并以新主体的名义缴纳社保、缴存公积金，员工的管理也由新主体的负责人进行，制定独立的员工管理制度。

5. 保持注册地址和经营地址独立性

新主体的注册地址和实际经营地址不应与核心主体的注册地址和实际经营地址混同，并以新主体的名义租赁或者购置办公场所、办公设备。

不同的业务产品和商业模式可能面临不同等级的风险，有些面临的风险是民事赔偿，有些可能会遭受行政处罚，还有些则有潜在的刑事风险。针对不同等级的风险，需要采取不同级别的隔离措施。企业要根据新业务产品和商业模式的风险等级考虑架构风险隔离的尺度和范围，以上 5 个措施从轻至重，企业可以根据实际情况来进行选择。

（二）保证对被隔离主体的控制性

既要保持新主体的独立性，又要保证对新主体的控制性，二者似乎存在一定的矛盾，但这往往是商业经营和架构搭建时必须考虑的问题。企业可以通过以下几种方式来保证对独立主体的控制权。

1. 选择有信任基础的负责人

如果新主体完全与核心主体隔离，无论股权结构，还是人员管理都与原主体没有关联，那么，原主体对新主体的控制权往往比较弱。在这种情况下，选择有信任基础的负责人是至关重要的。

2. 通过协议的方式予以约定

事后争议一筐，比不过事前协议一张。对于新主体，原主体可以通过与新主体、新公司的股东、实际控制人协议的方式对权利义务进行约定，从而保障双方的权利义务。

3. 核心主体进行控股和持股

对于一些风险较低的新业务模式，核心主体依然可以采取设立新主体来保持二者主体的独立性，但由原有主体或者原核心主体的股东来对新公司进行控股或者持股，以此保持对新公司的控制权。

总之，风险隔离和保持控制权，二者仿佛天平的两端，企业需要尽力在二者之间保持平衡，从而实现在降低风险的同时掌握对新主体的控制权。

第三章　|CHAPTER3|

股权激励：马无夜草不肥，人无股权不富

第一节　谁可以获得激励股权

1952 年，美国辉瑞公司为了避免高管的现金薪酬缴纳高额的所得税，首次推出了股权激励计划。很快，人们发现，相对于以"工资＋奖金＋福利"为核心的传统薪酬体系，股权发挥出新的激励作用。

股权激励通过向员工有条件地授予股权或期权，或者给予其相应经济收益的权利，使员工能够以股东身份参与公司决策、分享利润、承担风险，不再只是"打工人"。这使得员工开始更多地考虑公司的长远发展，而不再过度关注短期利益。换言之，股权激励可以提升公司治理水平，充分调动员工的积极性和主人翁意识，使创始股东与员工之间建立一种更为牢固、更加紧密的利益共同体关系。

对很多公司而言，股权激励不是要不要做，而是什么时候做、怎

做。面对股权激励，让公司经营者们为难的第一个问题是——激励股权该给谁。这个问题关乎确定股权激励的对象时应当把握怎样的原则。

对于这个问题的分析，我们引入三个关键词：创造、持续和位置。

一、创造：股权激励的对象必须为公司创造价值

华为一直以行之有效的员工持股制度而著称，是很多创业者的榜样。根据公开查询的工商登记信息（见图 3-1），目前华为投资控股有限公司一共两名股东，任正非持有股权 0.75%，剩余的 99.25% 全部为华为投资控股有限公司工会委员会所持有。

深圳市市场监督管理局商事主体登记及备案信息查询单

基本信息　许可经营信息　**股东信息**　成员信息　变更信息　股权质押信息　动产抵押信息　法院冻结信息　经营异常信息　严重违法失信信息

华为投资控股有限公司股东信息

股东名称	出资额(万元)	出资比例(%)	股东属性	股东类别
华为投资控股有限公司工会委员会	3857153.9481	99.25	其他投资者	社会团体法人
任正非	29147.2591	0.75	自然人	自然人股东

图 3-1　华为投资控股有限公司股东的工商登记信息

在该股权结构下，华为员工通过工会持股平台持有华为超过 99% 的股权，创始人任正非仅持有不到 1% 的股权，这就是远近闻名的、吸引了很多创业者效仿的"华为全员持股"模式。

如果股权激励有诸多好处，是否意味着可以不分对象，对每位员工都进行激励，以提高每位员工的表现呢？这一问题没有标准答案，公司可

以根据实际情况选择是否全员持股。但要注意的是，华为一直强调自己是 100% 由员工持股的民营企业，而准确的表达应该是：华为的股权将近 100% 为员工持有，但不是 100% 的员工都持有华为的股权。

份额和人数，这是两个概念。因此，在创业者做出选择之前，应当思考两个问题：其一，公司希望通过股权激励树立何种价值导向？其二，如何才能使员工感受到激励股权的价值？

股权激励作为一种制度性安排，应当在施行中树立起公司的价值导向。公司倡导什么、反对什么，应当通过股权激励的实施得以体现。如果公司希望通过股权激励激发员工为公司创造价值的斗志，那么激励股权的分配应当与员工的贡献相匹配，而非无差别的。通过这一方式营造一个积极、公平的竞争环境，鼓励员工为长远收益和个人荣誉而奋斗。

（一）股权的高杠杆决定激励对象必须为公司创造价值

互联网行业从不缺因股权激励一夜暴富的神话。快手上市后，数千名员工因股权激励身价暴增；小米上市后，数千名员工因股权激励实现了财务自由。

但透过这些神话，我们应该看到的是，作为全球员工数超过两万人的快手和小米，没有获得股权激励的员工才是大多数。即使在所谓全员持股的华为，《华为投资控股有限公司 2020 年年度报告》显示，当时的华为员工总数为 19.7 万人，其中 12.1 万余人持股，占员工总数的 61%。

这很好理解：天下没有免费的午餐。作为一个营利机构，公司之所以愿意以远低于市场价的价格将股权授予员工，为的就是以股权未来的大幅增值及对应的大额分红激励员工为公司创造更大的价值。对公司而言，最好的状态是员工创造的价值远大于公司实施股权激励的成本。而对那些无法创造价值或者创造价值不大的员工，公司没有必要授予具有高杠杆特征的股权。

（二）股权的稀缺性决定激励对象必须为公司创造价值

股权激励不同于发放奖金。与现金相比，股权是一种稀缺性资源。

在公司的成长历程中，出于股权融资的需要，创始人所持有的股权比例会被不断稀释。实施股权激励时，我们必须为未来的股权融资和后续股权激励留足空间。因此，用于股权激励的股权池注定了不可能预留太多，必须实现公司股权价值的最大化。

此外，我们不妨从激励对象的角度来进行思考。很多员工在工作中所追求的，不仅仅是一份工资，还有外部认可和自我价值的实现。按照马斯洛需求理论，后者是一种更高层次的精神需求。股权激励除了高杠杆可能带来的丰厚收益，还应当起到满足员工尊重需求和自我实现需求的作用。

正因为如此，在股权激励过程中，我们提倡对创造了重大价值的员工进行适度倾斜，使其切实感受到"因为我为公司创造了价值，所以获得股权"，而不是"因为我是公司的员工，所以必然获得股权"。在某些发展迅猛的行业，比如互联网行业，这是一种被普遍倡导的"战功"文化。

二、持续：股权激励的对象必须持续创造价值

任何一家公司的发展壮大，都离不开外部帮助。每个发展阶段，都会有必不可少的"贵人"。比如，一家互联网公司刚成立，尚未组建技术团队，需要聘请某"大厂"的技术总监利用空余时间进行研发或技术支持。

此时，这名技术总监不要任何报酬，却提出想要公司 10% 的股权作为回报。作为创始人，你会接受吗？这项股权分配诉求，本质上就是一项针对核心技术人员的股权激励。

（一）股权的长期性决定股权激励的对象必须持续创造价值

股权分的是什么？股权分的不是今时今日的钱，而是公司未来的钱。不同于现金奖励，股权激励是用未来的钱激励现在的员工。分红大多以年为周期，股权本身也不可能一夜之间实现十倍、百倍的增值。所谓高杠杆，必须经过长时间的艰苦奋斗，在公司成功上市、股权的价值倍增后才能得以实现。

如果提供临时技术支持的人员因股权激励获得了 10% 的股权，等到公司组建自己的技术团队后，势必要对技术团队的负责人施以同样的股权激励。一般而言，激励比例需要同等甚至高于前一名人员，否则，新的技术负责人会心生怨怼：他只是在公司成立初期提供了短暂帮助，而自己要在公司兢兢业业这么多年，待遇却不如他，何其不公！

股权的价值必须经过公司长时间的发展积累才有可能实现，依靠的是无数员工在此期间的努力奋斗。为此，企业经营者在考虑激励对象时，不仅要关注他是否能为公司创造价值，还应关注这种创造是否具备长期性和持续性。对于仅仅为公司提供短期帮助的人员，不妨给予现金回馈或其他物质奖励，而将激励股权留给长期陪伴公司成长的员工。

（二）股权的高风险决定股权激励的对象必须持续创造价值

股权的价值主要体现为分红和增值收益，但股权升值并不是一种必然。公司经营得好，利润高，分红也高，股权也会随之增值。反之，公司经营不佳，股权的价值也会随之降低，甚至一文不值。

因此，股权的高杠杆特征伴随的是高风险，这是一个硬币的两面。如果今天投入公司的注册资本是一块钱，那么，未来这一块钱可能变成一百块钱，也可能一文不值。究竟是做时间的朋友还是时间的"炮灰"，有赖于公司所有人的共同奋斗。因此，股权激励的对象应该是那些愿意且能够和公司共担风险、能促进公司长远发展的人。

对于上述案例中为公司提供临时技术支持的"大厂"总监，只要不全职在公司干，其仍然是"大厂"员工。即使他获得了公司股权，也只是享受收益为主，而不可能长期、持续地为公司创造价值。

一言以蔽之，激励对象的选择，不是考虑其一时一刻对公司的贡献，而更应关注其是否能够长期、持续地为公司创造价值。

三、位置：股权激励的是"位置"而非"个人"

实务中，经常听到公司说"我们对技术总监A进行了股权激励"。让我们来思考：公司激励的是A个人，还是身为技术总监的A呢？

这两者的区别在于，如果激励的是个人，那么无论A走到哪，他持有的股权都应该跟着他走。但如果激励的是技术总监的"位置"，逻辑就应当是谁坐在技术总监这个位置，谁才应该拿到股权。联系我们上文所讲的"长期、持续地为公司创造价值"这一原则，激励的是"位置"更加合理。

如果A因为身处技术总监这个位置而获得1%的股权激励，当其离职时，公司不将这1%的股权回购使其退出，那是否需要对新的技术总监进行股权激励？如果不激励，这对新的技术总监未免不公，很容易挫伤其积极性。如果同样进行股权激励，哪来源源不断的股权不断给予公司的未来创造者们？如果换了三位技术总监，激励的都是"个人"而非"位置"，长此以往，公司的股权将会越来越集中于离职员工，显然，这样的股权结构不具科学性、合理性和可行性。

综上，在《公司法》的视野下，公司股东有权享有资产收益、参与重大决策和选择管理者，股权兼具财产性和人身性。而在公司实务的视野下，公司股权具有高杠杆、高风险、稀缺性和长期性的典型特征。因此，在确定股权激励对象时，应当从创造、持续和位置三个角度考虑，将激励股权授予能够长期、持续地为公司创造价值的人。

第二节　预留激励股权的三个关键要素

在数字经济时代，无论一个企业规模大小、处于何种阶段、上市与否，只要对未来有憧憬和创造力，股权激励就是企业发展的"标配"。大多数头部企业都是伴随着股权激励快速成长起来的。

然而我们常说，股权无小事，散财需有道。要知道，股权激励这个工具，一经使用，将在一定周期内对公司的整体架构产生影响。个中利弊，需靠企业自己把握。但必须明确的一点是，股权激励不是企业盲目从众的举措，而是深谋远虑的考量。

这种考量从何时开始？从预留激励股权时开始。

股权激励虽有相对独立的进程，但通常我们会建议企业将其作为股权设计的一部分予以筹划，避免后续因股权变动而使公司整体架构"伤筋动骨"。

那么，预留激励股权又该考虑哪些因素？所谓"不谋万世者，不足谋一时；不谋全局者，不足谋一域"，这句话用来形容股权激励再合适不过了。既然股权激励着眼于未来，那么就该为公司"谋万世"，充分考虑其长期发展。同时，也要"谋全局"，对战略规划、人才计划和融资安排进行综合考量，缺一不可。

一、不考虑战略规划的股权激励是"急就章"

与股权设计一脉相承，股权激励的最终目的是推动公司长足发展，其底层逻辑是战略布局。如果公司未来三五年的发展方向尚不清晰，那么激励股权的预留很可能存在问题。所以，预留激励股权时不能操之过急，当股东们协商定下了公司的五年战略时，股权激励就成功了一半。这就像自变量和因变量的关系，公司战略规划是由股东调控的自变量，而股权激励是随着战略变化的因变量。战略一变，则牵一发而动全身；但战略一定，股权激励就有章可循。

比如，我们总认为股权激励只针对高管和员工，但事实上股权无定式，凡是符合公司战略方向的激励模式就是合理有效的。泸州老窖从"产品竞争"转为"渠道竞争"，其最初的股权激励对象是全国经销商。在推出"国窖1573"之后，泸州老窖向经销商推行了为期三年的股票期权激励计划。经销商的采购量每年按一定比例折算成期权数量，而最初的认购价仅为每股5.8元。也就是说，经销商有权锁定5.8元的认购价，等到股价上涨后再出钱行权。通过这一计划，经销商们备受鼓舞，干劲十足。泸州老窖也因此实现了业绩攀升和资本增值。

对经销商实施股权激励，是因为泸州老窖当时以整合下游资源为企业的发展战略。通过设置三年的期权激励计划，泸州老窖打通了产品市场和资本市场，经销渠道由此得到拓展与稳定。

除了上下游资源的渠道规划外，公司战略还涉及业务规划、营销规划、产品规划、区域规划等多个战略层面。

比如，一家前期以生活必需品为业务方向的电商公司，未来三年将拓展宠物用品市场，并针对一二线城市进行重点营销，那么，在预留激励股权时公司需考虑的因素包括宠物用品上下游渠道的拓展预算、是否自建专业团队以及需要投入多少人力等。公司战略是多个发展因素的排列组合，预留激励股权不能脱离实际业务，并应当考虑到未来三至五年，甚至五至十年的战略发展。

二、不考虑人才计划的股权激励是"糊涂账"

数字经济时代，人才是公司的核心资源，人才计划是公司战略的重要组成部分。公司发展有赖于公司战略的制定，而最终起决定作用的还是公司对高素质人才的有效激励。

股权激励的核心目的，是帮助公司寻觅人才、留住人才、人尽其才。要想使股权激励行之有效，需要有一个科学合理的人才计划，服务于公司的总体战略，从而实现人力资源的有序流动和最佳配置。

（一）参考行业的整体基调

行业特征会影响人才需求，继而影响激励股权的预留。比如，房地产行业和互联网行业对人才的需求完全不同。互联网公司以人力为核心竞争力，技术人才与管理人才并重，公司想要业务拓展就必须依附于高素质人才。而房地产公司对土地、资金等资源的依赖度相对更高。

各行业股权激励的实施情况也印证了这一分析。根据《中金：股权激励回顾及 2021 年展望报告》的统计数据，发布股权激励计划的上市公司集中分布在信息技术、工业、可选消费和材料板块等行业，这表明此类行业对人才的需求度更高，更热衷于通过实施股权激励吸引人才。

但如果房地产公司通过"互联网＋"转型升级呢？那一定需要增加投入以招揽英才。龙湖集团就是一个真实的案例。2018 年，龙湖集团从地产行业转向拥抱互联网高科技，为了实现这一转型，龙湖集团挖来了微软大中国区企业服务部前首席技术官、乐视信息化部前总经理和万达网科部前总经理，并一举夺得 2019 届互联网公司产品薪酬榜的头筹。

因此，如果公司所处行业对人力资源的需求度较高，在预留激励股权时，应考虑更为充裕的份额（比如在某个预留区间范围内取上限值）以匹配与之相当的人才计划。

（二）兼顾静态布局与动态发展

如果说行业特征会影响人才计划的整体基调，那么公司自身的人员布局和人力流动，将勾勒出人力资源规划的细节，并最终影响股权激励的具体实施。

在这一步上，人才计划很可能是为了满足业务部署的需要。比如，游戏研发公司想拓展发行业务，或者游戏发行公司想从事产品研发，必然需要招募具有相应发行或研发能力和经验的专业人才。当这类人才对公司而言足够重要时，公司为其预留股权便是理所应当的事情。

除了人才的静态布局，人才计划还需要对公司人力资源的动态发展进行预估，充分考虑内外部环境的变化。此时，股权激励的目的有三：一是留住内部核心员工，二是招揽外部优秀人才，三是保障新老员工顺利更替。在决定预留份额时，公司不仅要制作已有员工的"技能清单"，也要分析外部同行业竞争对手的激励措施，并结合公司的中长期规划，制订公司人力资源的发展计划。

三、不考虑融资安排的股权激励是"穷折腾"

（一）股权激励和股权融资是什么关系

股权激励是以股权换人才，股权融资是以股权换资本。如果能双管齐下，达到"人财两旺"，是任何一家公司都乐见其成的。

一家股权激励机制筹备得当、运行有序的公司，往往会使投资方另眼相看。相应地，当公司受资本欢迎时，其股权激励的施行往往也更有成效。外部投资者对公司价值的认可，是核心员工对激励制度的信心来源之一。

上市公司更是如此。虽然股价走势受诸多不可控因素的影响，如宏观经济环境、行业发展、投资者偏好等，但富有经验的上市公司往往能够保持股权激励与投资者认可之间的良性互动。

以美的和宁德时代为例。2014年1月至2021年4月，美的开始逐年实施股权激励，包括8期股票期权激励和5期限制性股票激励。公司股票交易均价从46.92元/股（2014年1月13日首次股权激励）涨到79.78元/股（2021年6月初）。宁德时代从2018年7月开始逐年实施限制性股票股权激励，其股价从30.17元/股（2018年6月开盘价）涨至434.51元/股（2021年6月初）。

但股权激励和股权融资之间也存在矛盾。矛盾的根源在于，一方面，激励和融资都要以股权来置换，而股权总量的有限性将导致两者竞合，此消彼长，或存在一定程度的稀释；另一方面，实施股权激励时的股份支付，可能对公司财务表现造成负面影响。如果公司既想拥抱资本，也想激励员工，股权激励的操作时机就要将融资安排纳入考量范围。

（二）股权融资如何影响激励股权的预留

1. 提早预留，方便资本进场

用于股权激励的标的股权，一般有两个来源：一是现有股东老股转让，二是增资扩股。但对现有股东而言，无论哪种方式，账面股权的减持或稀释都是无法避免的。于是，提前预留就成了股权融资时投资者评价目标公司的加分项。

在实务中我们经常看到，投资者为了避免后续因激励股权预留而额外稀释投资者所持公司股权，在签署投资协议前，会要求创始股东提前预留出一定比例的公司股权作为员工激励股权池。

2. 科学预留，消除资本顾虑

资本都是逐利的，如果股权激励导致公司股权架构失衡，投资者会倾向于谨慎入场。比如，激励股权预留总量过高、激励对象比例不当、核心员工退出安排不合理等，都会导致投资者对公司做出负面评价。所以，预留激励股权时，应同步设计完善的股权激励方案，并在适当的时机，向投资者披露或说明。

3. 精准计算，调控预留份额

一般情况下，激励股权的预留会早于股权融资，这是为了避免股份支付对公司财务表现可能造成的负面影响。而投资者以增资方式投资目标公司，会稀释员工的激励股权。为了避免公司在股权激励方案落地执行时"捉襟见肘"，前期预留阶段应当将融资导致的稀释份额也纳入计算范围。

第三节　员工股权池的预留比例

业务规划、人才计划和融资安排都是决定激励股权预留的关键要素。但在战术层面，逃不开的一个具体问题是：员工股权池应该预留多少比例？

从股东性质来看，公司股权可以分为三个类别：创始股东持股、核心员工持股以及投资者持股。上述三类股权，代表了公司发展的三大核心要素，即权、人、钱，三者缺一不可。在计算员工股权池预留比例时，不能忽视创始股东持股或投资者持股的份额区间，否则后续可能导致创始股东控制权失守的危险局面。

一、创始股东：控制权保卫战

（一）一个人还是一个团队

创始股东是一个人还是一个团队，影响着对公司的控制权模式。一般而言，单个创始股东易于保持控制权的稳定。而创始团队由于存在联合创始人，大股东个人持股往往不足以对公司形成控制，需要通过一致行动协议等安排，才能保障大股东对公司的控制权。

在互联网和新经济领域，"联合创始"并不少见，比如阿里巴巴"十八罗汉"、"腾讯五虎将"、小米"八大金刚"等。针对创始股东为团队的情况，考虑到未来股权激励和股权融资的相互影响，可以将创始团队持股设计为"控股股权池"。股权池的优势在于能够按动态机制调整各创始成员所持股权，使创始成员持股与对公司的实际贡献相匹配。同时，创始团队也可以在股权池中预留部分份额，并约定未来的授予条件。

（二）控制权比例怎么算

"我要留多少股权"是实务中创始股东经常提出的问题。这反映了创始股东对公司控制权问题的关切。

很多创始股东认为"控股＝控制权"，在他们看来，只要对一家公司控股，就享有控制权；反之，要享有控制权，就必须对公司控股。但什么是控制权？是持股比例超过50%，还是可以在公司说一不二？这几种看法都不无道理，但我们更需要从法律的角度进行考量。

控股的概念出现在《公司法》中，而控制权的概念，则在《上市公司收购管理办法》中有相关阐释。二者对比如下（见表3-1）：

表 3-1　《公司法》《上市公司收购管理办法》对控股和控制权的定义对比

《公司法》第二百一十六条（二）	《上市公司收购管理办法》第八十四条
控股股东，是指其出资额占有限责任公司资本总额百分之五十以上或者其持有的股份占股份有限公司股本总额百分之五十以上的股东；出资额或者持有股份的比例虽不足百分之五十，但依其出资额或者持有的股份所享有的表决权已足以对股东会、股东大会的决议产生重大影响的股东	有下列情形之一的，为**拥有上市公司控制权**： （一）投资者为上市公司持股 50% 以上的控股股东； （二）投资者可以实际支配上市公司股份表决权超过 30%； （三）投资者通过实际支配上市公司股份表决权能够决定公司董事会半数以上成员选任； （四）投资者依其可实际支配的上市公司股份表决权足以对公司股东大会的决议产生重大影响； （五）中国证监会认定的其他情形

对照二者定义，可以清晰地看到，控制权 ≠ 控股。控制权和控股的联系在于，控股是拥有公司控制权的方式之一。对于实施股权激励的公司而言，除了关注创始股东的股权比例外，还可以通过支配表决权、决定董事

席位、影响股东会决议等方式，管理与维护公司控制权。

（三）创始股东是否也能被激励

创始股东是否可以成为被激励对象？对于非上市公司以及科创板和创业板公司，答案是"可以"。

《上市公司股权激励管理办法》第八条规定，"单独或合计持有上市公司 5% 以上股份的股东或实际控制人"不得成为激励对象。但《上海证券交易所科创板股票上市规则》和《创业板上市公司持续监管办法（试行）》对此放开了限制：单独或合计持有上市公司 5% 以上股份的股东、上市公司实际控制人及其配偶、父母、子女，在上市公司担任董事、高级管理人员、核心技术人员或者核心业务人员的，可以成为激励对象，但上市公司应当充分说明前述人员成为激励对象的必要性、合理性。

归根结底，股权激励是以股权形式体现的对人力投入的认可。创始股东常身兼二职，既是物质资本的投资人，也是人力资本的贡献人。所以，在不损害资本市场经济秩序的前提下，对兼任高级管理人员职务的创始股东予以激励，符合股权激励的底层逻辑。

实际上，董事会在公司上市前后对创始股东给予股权激励的做法并不少见。作为创始股东，马云、刘强东、雷军都曾接受各自公司给予的激励股权。但要提醒的是，创始股东成为激励对象可能会遭受"与民争利"的质疑，是否"名副其实、名利相当"尤为关键。

二、员工：激励效果最大化

员工持股的激励效果可以追溯到迈克尔·詹森（Michael C. Jensen）和威廉姆·麦克林（William H. Meckling）于 1976 年提出的股东与高级管

理人员"利益协同效应"。这一理论认为，当高级管理人员的持股增加时，他们的机会主义行为会减少，而更倾向于按照股东利益最大化的方式提高公司业绩。

但后来，"壕堑效应"提出了另一观点：随着高级管理人员持股数量的增加，股权激励的激励之意将被扭曲，使其在更大范围内按其私利行事。

可见，激励比例对激励效果的影响之辩由来已久。过度激励与激励不足，一直是股权激励实务中需要持续关注的问题。同时，对激励节奏的把控也会影响最终激励效果。

（一）拟激励对象

股权激励的对象范围广泛，横向划分一般包括公司的中高级管理人员、核心销售人员、核心技术人员等。此外，基层员工也可能成为被激励对象。从纵向划分，激励对象涵盖"老中青"三代，即过去的功臣、现在的骨干和未来的英才。

预留激励股权应当考虑公司战略，具体到不同激励对象的股权授予，则不得不提"金色策略"。

（二）金色策略

对于"老中青"三代实施股权激励，其激励手段和激励目的各不相同，实务中我们将其概括为"金色策略"：

- 过去功臣——金色降落伞。
- 当前骨干——金色手铐。
- 未来英才——金色阶梯。

联想的股权激励案例对"金色策略"做出了生动的诠释。20 世纪 90 年代，联想在企业改制过程中完成了股权激励，将公司 35% 的股权分给管理层和基层员工。在这部分用于员工激励的标的股权中，35% 用于激励创业时期的老员工，共计 15 人；20% 用于激励公司当前的核心员工，约 160 人；45% 用来激励公司未来引进的骨干员工。这个激励方案充分考虑了公司发展不同时期所需要的人才，并且整体上侧重于未来。

认可过往、鼓舞当下、期许未来，联想的股权激励方案兼顾了"历史贡献者"和"未来创造者"的利益平衡，并且充分考虑到当下正为公司奋斗的核心人员的利益。不同类型的人才在公司的激励方案中都找到了合适的贡献定位和价值回报。

直至今日，这一策略依然富有借鉴意义。当然，不同公司、不同阶段的人才结构是不同的，公司的激励布局也应各有侧重，但最关键的是确保激励比例与个体价值创造、公司长期发展相得益彰。

（三）股权激励的节奏把控

1. 预留时间

提前考虑激励股权的预留时间能够帮助公司规划好比例设置。一般而言，预留时间越长，股权池里的预留份额就应该越多，因为涉及的公司发展阶段更长远，辐射的员工范围也更广阔。

蚂蚁金服 CEO 彭蕾就曾说："我们决定先把 40% 的股票分给员工，原因是当年我在阿里巴巴集团当 CPO（首席产品官），马云和董事会最大的分歧就是每年给员工的奖励和期权，每年虎口拔牙，非常痛苦。这是他和董事会吵架最多的。所以我们这次决心先把股权拿出来，一劳永逸。"

不过，长线预留固然有其便捷性，但对公司而言也是不小的挑战，毕竟，将大量股权划拨激励池需要创始股东的决策力，对公司未来的人才布局更是需要进行通盘考虑。

2. 激励次数

在实务中，公司对股权激励的一个常见误解是：预留的股权池必须立刻、当次用完。事实上，预留的激励股权不是"捆绑套餐"，也不会过期作废，公司不必操之过急，完全可以按实际需求分批次、分阶段地授予。

比如，公司在初创阶段可以只激励少数核心管理人员；进入快速发展阶段，再激励核心技术人员；后续迈入成熟稳定阶段，再将激励范围扩大至中层管理人员。

3. 激励追加

当预留的股权池即将耗尽时该怎么办？预留的股权池被股权融资稀释了怎么办？在实务中，公司对股权激励的第二个误解是：股权池预留属于"一锤子买卖"，预留了之后就难以扩容，耗尽了、稀释了也只能听之任之。

其实，即便规划得当，公司也可能因为业务调整、资金需求等需要增设激励股权，而且，当公司业绩表现出色、研发成果显著时，也有追加股权激励的需求。此时，公司可以对股权池予以追加，使之"扩容"。不过，能否追加成功，取决于创始股东与投资者股东的博弈。在没有事先明确约定的情况下，投资人股东往往不支持股权池扩容，因为他们的股权激励会被稀释，除非新增份额来源于创始股东的股权转让。

三、投资人：利益的权衡

值得注意的是，股权融资会对员工激励池产生影响，这一影响更多的是负面的。

融资分为股权激励前和股权激励后。在实务中，很多公司在股权融资时都会被要求接受股权激励的相关条款。比如投资者在投资协议中会规定，公司股权激励的对象、数量和价格需要获得投资人股东的同意。如果股权融资后进行股权激励，是否能取得投资人的同意，成了影响股权激励方案的一个制约因素。

如果公司既有融资需求也有股权激励计划，通常建议是先做股权激励。一方面，投资者不希望因股权激励而稀释自己的股权；另一方面，股权激励可能造成的股份支付会对公司财务表现造成不利影响，导致管理费用大幅增长，进而对有上市计划的公司造成负面影响。

如图 3-2 所示，公司预留员工激励股权池是一种理想的股权激励模型。

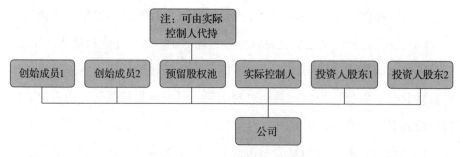

图 3-2　股权激励的理想模型

根据我们在实践中的大量案例和经验，员工股权池预留的比例区间为 10% 至 30% 比较适宜，但具体的预留比例还需要与公司的战略规划相匹配，激励过度和激励不足都会给公司带来高风险。过度激励很可能导致员工安于现状，激励不足则可能无法达到股权激励的目的，最终导致人才流失。

第四节　股票期权、限制性股票、虚拟股权，你该怎么选

橘生淮南则为橘，生于淮北则为枳。股权激励的模式是多种多样的，各有优劣，同一种激励模式对不同公司的"功效"可能截然相反。因此，在进行股权激励时，必须考虑公司的背景和诉求，选择合适的模式。

对于激励模式的选择，并无放之四海而皆准的范式。要确保激励的有效性，往往需要公司参考公司的战略目标、发展方向、内外部环境、成长阶段和激励对象，做到因时而变、因人而异。

在实践中，最常采用的股权激励模式有股票期权、限制性股票和虚拟股权。

一、股票期权、限制性股票和虚拟股权

（一）股票期权

股票期权是公司授予激励对象在未来一定期限内，以预先确定的价格和条件购买本公司一定数量股票的权利。

这个模式的特点有三：

1. 股票期权是公司授予激励对象的一种权利而非义务，激励对象在股权价格或价值低于"行权价"时，可以放弃该权利，因而股票期权的持有者风险较小。

2. 这一模式分享的只是公司市场价值的增值部分，对公司现金流的影响有限。同时，由于股权价值是公司长期盈利能力的体现，通过提前约定行权价格，这一模式能有效地将公司利益与激励对象的个人利益紧密结合，提升股票期权的长期激励效果。

3. 设置合理的行权价格和行权条件是股票期权激励计划成功的关键。

价格过低，达不到促使激励对象努力奋斗为公司创造更高价值的目的。价格过高，则可能使得激励对象放弃行权。比如，浪潮软件 2015 年实施的股票期权激励计划于 2019 年宣告失败。究其原因，主要是公司预先设置的激励价格高于行权时的二级市场价格，所有激励对象均未提出行权要求。

正是基于上述特点，股票期权模式受到了众多公司的青睐。当然，这一模式应用时一般会在授予对象、数量、有效期、获授条件、行权条件、获授权益及激励对象行权程序、禁售期等方面进行一定限制，而且需要激励对象为行权支付现金。

股票期权的激励模式要求公司不断成长壮大，如果公司停滞不前，给予激励对象的股票期权就不具有意义。因此，这种模式特别适合处于初创期或快速成长期等人力资本依附性较强的企业。

（二）限制性股票

限制性股票是指公司事先授予激励对象一定数量的公司股票，但对激励对象的出售权予以限制，激励对象只有在符合规定的条件（如完成一定服务期限、达到特定业绩目标）后，才可以出售激励股权并从中获益。否则，公司有权无偿或以事先约定好的价格进行回购。

这个模式的特点有三：

1. 激励对象直接获得股权，与股票期权模式相比，股权直接发生了转让。因此，激励对象一般都持有实际股权，而非仅仅享有期待权。

2. 激励对象一般以无偿或较低价格获得股权，但其出售股权的权利受到直接限制。通过这一模式，激励对象得以投入更多的时间和精力实现公司的长期战略目标。

3. 公司授予股权时存在一定的现金压力。对于公司来说，限制性股票主要有两种用途：一种是与其他激励模式配合使用，留住关键人才，限制条件主要是较长的服务年限，这个做法适用于所有行业和不同发展阶段的公司；另一种是将限制性股票当成主要激励模式，限制条件设置为业绩考核标准。此外，对于金色策略中的"金色降落伞"而言，限制性股票是一种最优的股票激励模式。

（三）虚拟股权

虚拟股权是股票期权的一种衍生形式，是指公司授予激励对象一种虚拟的权益，激励对象可以通过所持有的虚拟股权享受一定数量的分红和股价升值收益，但没有股份所有权和表决权，也不能转让和出售股权。员工在离开公司时，虚拟股权自动失效。

这个模式的特点有三：

1. 虚拟股权不是真正的股权，实际上是将股权所有权、控制权、分红权、资本增值享有权进行分离，将分红权和资本增值享有权授予激励对象，因此不影响公司的所有权分布和控制权安排。

2. 激励对象的选择更广泛。由于不涉及所有权和控制权的变化，所以激励对象可以不严格限制于公司的核心员工，在激励面上稍有扩大也未尝不可。

3. 收益的支付方式灵活。公司兑现虚拟股权收益时，可采用现金支付的方式，也可以设计为支付等值的股权，或者两者相结合。

二、上市公司的模式选择趋势

目前，限制性股票是上市公司最主要的股权激励方式。根据《上市公司股权激励管理办法》第二条规定[6]，限制性股票与股票期权是我国上市公司实施股权激励的两种主要形式。

根据万得资讯、中金公司研究部的统计数据，2013 年之前，通过股票期权实行股权激励的 A 股上市公司项目占比相对较高。比如，2009 年有 86% 的股权激励项目采取的是期权形式。而自 2013 年开始，企业多以限制性股票的方式进行激励，截至 2021 年初平均占比高达 72%。

这一比例的转变不难理解，从两者的权利义务角度来看，股票期权存在权利义务的不对称性，如果股票下跌或期权计划预设的业绩指标未能实现，激励对象可以选择放弃行权，不会对激励对象造成资金损失，不具有激励性。而限制性股票在权利义务和收益损失方面更具有对称性，激励对象在满足授予条件的情况下获得股票后，股票价格的涨跌会影响激励对象的潜在可得利益，因此具有更好的激励作用。正因为如此，近年来限制性股票模式在国内公司的应用越来越普遍。

三、多样的股权激励方式，应该怎么选

股权激励不存在固定范式，选择期权或是限制性股票也没有标准答案，关键在于哪种方式对公司更有用。

当前，多数公司选择股权激励方式为期权激励或限制性股票激励，而采取虚拟股权的较少。期权和限制性股票是两种不同激励效果的操作方式，对公司和员工存在不同影响。那么，究竟应当如何选择呢？

（一）因时而变——视公司发展阶段而定

从企业发展的角度而言，公司在不同发展阶段有不同的发展战略和人才需求，因此对股权激励方式的选择也会有所不同。

对于处于初创期的新经济公司而言，商业模式尚处于探索阶段，未得到市场验证，公司大多面临资金匮乏、市场知名度低、市场占有率低等窘

境，内部管理也大多处于相对粗放的阶段，资金风险、市场风险、管理风险、技术风险……每一个沟沟坎坎都足以令初创公司彻底倾覆。

此时公司的股权价值非常有限。初创公司若选择以限制性股票作为股权激励手段，很可能陷入"剃头挑子一头热"的尴尬局面——公司认为这是对员工的"激励"，但员工在顾虑自己付出的是真金白银，得到的是收益未知的股权，而且权利有诸多限制。当然有部分公司不让员工出钱，直接白送股权，问题在于这种"白送"的操作本身就存在诸多负面影响。即使忽略各种问题，对员工而言，也至少需要承担股权对应的实缴义务，这仍然是不小的负担。

相比之下，股票期权只是授予员工在未来一定期限内以预先确定的价格和条件购买特定数量股票的权利，在激励的当下，并不会让员工履行一定的义务。即使行权日到来，员工所享有的也只是权利，也可以选择放弃这一权利，因此整体风险可控。

但股票期权模式可以让员工分享公司股权价值的未来增值部分，公司发展得越好，员工所能获得的利益就越大。因此，在公司初创阶段，股票期权更有优势。

在公司发展相对稳健、步入成熟期后，发展增速将逐渐放缓，公司股票的未来价值提升幅度相对有限，但公司的市场价值已大致有了公允价值，采取限制性股票激励，员工可以在购买股票价格与市场公允价格的差额中感受到激励，对那些与公司长期并肩奋斗、患难与共的员工而言，这是一种更为合适的激励手段。

（二）因人而异——根据激励对象的特性而不同

数字经济时代，人才就是第一生产力。很多企业经营者每天都在苦思冥想如何招募人才、留住人才，为此也愿意献出股权。

但同样是给股权，以不同的模式给，会产生不同的效果。

对于招募的新员工，公司当然希望他们在未来能为公司创造更大价值。他们一般拥有优异的能力或丰富的项目经验，但过去的优秀不一定代表未来的辉煌。何况，每个公司都有自己的独特生态，外来的和尚到底能不能念好经，甚至愿不愿意好好念经，都尚未可知。因此，对于新员工，许多公司会选择以股票期权形式进行激励，既做出了激励承诺，也给对方一个考察期，以判断其业务能力是否符合公司要求。

陪伴公司一路披荆斩棘走来的老员工属于历史贡献者。在股权激励中，应充分认可他们过去的工作价值。因此，许多公司对于老员工会选择以限制性股票的方式进行股权激励，让员工在当下即可获得股权，而不必等到未来。同时，公司通过行权价格与股权实际价值之间的差额对员工未来的发展做出了保证。

股权激励本身就是一种灵活的制度设计，可以结合公司具体情况综合考量，最终确定是选择股票期权还是限制性股票的形式具体施行。

第五节　激励股权如何定价，可以白送吗

定价是股权激励中员工最关心的问题之一。对员工而言，激励股权的定价自然是越低越好，最好白送。很多企业经营者似乎也持有这一观点，认为既然是激励，那就好人做到底，干脆白送股权，不需要员工出一分钱。

这样大气的老板，当然是每位员工都梦寐以求的。但在大气之余，要

综合考虑激励股权定价对激励效果和公司财务带来的影响，再做决定。

一、激励股权的定价对激励效果的影响

激励股权的价格低，员工能够以更便宜的对价[7]获得股权，参与股权激励的积极性也会更高。但参与股权激励的积极性高，并不等于认可激励股权的价值，更不等于达到了股权激励的效果。日常生活中，我们常常看到一些大爷大妈排队领超市赠送的鸡蛋，积极性非常高，但并不代表他们对鸡蛋的价值非常认可，他们更多是出于一种"白送的东西不拿白不拿"的心理。

判断股权激励的效果，至少有三个维度可供审视。

（一）紧迫感：员工是否因股权激励而产生了价值创造的压力

在经济学中，激励是一种正向反馈机制，是通过构建行为与好的结果之间的必然联系，诱导一部分经济主体从事特定的行为。

股权激励的目的在于鼓励员工持续地为公司创造更大的价值。而要使股权激励取得良好效果，应当让员工认识到只有持续不断地努力，才能从股权激励中获得超额回报。

诚然，当老板将激励股权白送给员工时，多数员工会想着白送的东西，稳赚不亏，何乐不为？这笔账，从员工视角算是非常合适的，但从公司和创始股东视角，有大问题。当员工以这个逻辑考虑问题时，内心深处其实是不关注公司未来价值的。毕竟获授股权并无成本，只要公司未来发展不算太差，手中的股权总能换点儿钱。

相反，如果员工花了真金白银才获得股权，就会迫使其心里不断思考如何为公司创造价值。因为只有公司发展得越来越好，他们手里的股权才

能越来越值钱，股权升值才能覆盖当初投入的购买成本。有了这种紧迫感，股权激励的效果才能实现最大化。

（二）获得感：员工是否因股权激励获得了价值满足感

从心理学上来看，激励的目的在于迎合人的心理需求，使人们产生做出某些行为的动机。

按照马斯洛需求理论，人的需求是分层次的，最基础的需求是对物质的追求，而更高层次的需求则在于精神层面的自我价值的实现。股权激励要让员工获得物质回报，但更重要的是要让员工感受到尊重，感受到自我价值的实现。

股权激励使员工有机会成为公司股东，但如果这个机会来自他人慷慨的施舍，自己不用付出任何成本，员工会觉得自己占了便宜，但占便宜的心理会让人的成就感降低。就像同样是一百万，靠自己努力挣的一定会比中彩票得到的更有成就感，即使每个人都希望中彩票。

另外，尽管免费、廉价的东西人人都喜欢，但几乎所有人都认可"便宜没好货"或"天上不会掉馅饼"。在我们办理的股权项目中，当激励股权的定价过低乃至白送时，员工在内心深处反而会隐隐担忧公司的发展状况，质疑股权本身的价值。在股权激励的宣讲阶段，反而要花更多时间为员工进行讲解，以便员工理解进而认可激励股权的价值。

（三）认同感：员工是否因股权激励而对公司产生了认同感

从管理学的角度来看，激励的目的是激发员工的工作动机。换言之，用各种有效的方法，提高员工的积极性和创造性，使员工努力完成组织的任务，实现组织的目标。

股权激励的本质是通过将核心员工吸纳为公司股东，打造员工与公司的命运共同体，进而激发个人为共同体奋斗的激情。

那么，如何打造员工与公司的命运共同体呢?《水浒传》中，水泊梁山有高招：凡好汉们入伙，须下山去杀一个人，将人头献上，便无疑心，谓之"投名状"。

当然，如此血腥的投名状不可能出现在现代社会，但其隐含的道理值得我们思考。只有让员工真金白银地付出成本，为实施激励股权买单，才能验证员工对公司文化、使命、愿景的认可以及对公司发展前途的信心，反过来增强员工对公司的认同感。这是一个双向选择、双向认可的过程。也只有在支付购买成本后，员工才会更珍惜其所获得的激励股权，更珍视股东的身份，实现自我驱动和价值创造。

二、激励股权的定价对公司财务表现的影响

"天下没有免费的午餐"，同样，哪有什么免费的股权，只不过有人默默地承担了成本。很多公司在进行股权激励时，往往忽略了激励股权定价对公司财务表现带来的影响。这种影响，主要集中在股份支付问题上。

根据《企业会计准则第 11 号——股份支付》，股份支付是指企业为获取职工和其他方提供服务而授予权益工具或者承担以权益工具为基础确定的负债的交易。企业授予员工期权、认股权证等衍生工具或其他权益工具，对员工进行激励或补偿，以换取员工提供的服务，也应适用该规范。

考虑到激励股权的定价普遍低于股权的实际价值，因此，无论是直接授予员工股权（包括限制性股票和股票期权），还是以股权对应的现金奖励（如虚拟股权）来取得员工服务，都属于股份支付，应当按照《企业会计准则第 11 号——股份支付》的规定进行会计处理。

这也就意味着，应当将在股权激励中赠送给员工的股权价值部分计为管理费用，对利润进行相应扣除，这将给公司造成大额的股份支付成本，影响公司当期的净利润表现。

比如，公司 10% 的股权实际价值为 1000 万元，但为了达到股权激励的目的，将激励股权的行权价格定位 400 万元，即员工只需用 400 万元便可获得价值 1000 万元的公司股权。而激励股权定价与其实际价值之间的差额 600 万元，相当于公司赠予员工的，根据会计准则应将其记为管理费用，并在企业利润中扣减，即公司当期净利润将减少 600 万元。

如果公司处于发展早期，尚无明确的资本化计划或融资需求，确认股份支付不会给公司造成太大影响。但如果公司处于快速发展期，有明确的 IPO 申报计划，那么确认股份支付所进行的会计处理，会极大地影响公司在报告期内的财务指标。尤其是对拟 IPO 公司而言，稍有不慎就可能导致公司无法满足上市所要求的财务条件。

因此，在确定激励股权价格时，还应当综合考量公司所处的发展阶段、融资计划和资本化计划，不能忽视股份支付可能对公司财务指标造成的影响。

三、激励股权定价的几个方法

综上，在确定激励股权的价格时，必须综合考虑激励效果和激励成本。在具体确定价格上，可以采取如下几种方法。

（一）以注册资本金为参考定价

初创公司可以以注册资本金为标准定价，即以激励股权所对应的注册资本来确定价格。比如，公司注册资本为 100 万元，拟授予员工 5% 的激励股权，则该部分股权的价格可以 5 万元为参考基础来确定。

（二）以公司净利润为参考定价

已实现盈利的公司可根据公司上一年度的净利润作为衡量公司价值的基础，再根据公司所处行业的平均市盈率水平，计算出公司整体估值和激励股权的价值，以此为参考确定股权价格。

比如，公司上一年度的利润为 100 万元，按照公司所处行业市盈率 10 倍的标准，确定公司当前估值为 1000 万元。如果拟授予员工 5% 的股权，则该部分股权的价值为 50 万元，可以此为基础确定激励股权的价格。

（三）以公司净资产为参考定价

传统行业的公司可根据公司经审计净资产作为衡量公司价值的基础，如此可算出激励股权所对应的价值，以此为参考确定股权价格。

（四）以公司融资估值为参考定价

在公司已完成对外股权融资的情况下，最近一轮融资估值可以作为激励股权的定价基础。但考虑到激励股权的本质在于以股权的方式换取核心员工对公司的人力投入，一般会在融资估值的基础上，给予员工一定折扣。

实务中，通常在最近一轮融资估值基础上，给予员工 1 ～ 5 折的折扣。比如，最近一轮融资给予外部投资人的价格为 20 元 / 股，若按照 3 折计算，给予员工的激励股权价格为 6 元 / 股。

（五）以市场同类企业的股权定价为参考定价

公司在激励股权定价时也需要考虑市场因素，进一步保障股权定价的科学性与合理性。

一方面，市场同行和竞争对手的股权定价具有参考价值，尤其当公司需要从其他公司"挖人"的时候，知己知彼方能有的放矢。另一方面，公司也有必要研究目前所设薪酬在市场上的整体竞争力，使股权定价和薪酬标准之间保持平衡。比如，公司设置低竞争力的薪酬，则需要配以高竞争力的股权定价，而设置高竞争力的薪酬，在股权定价方面就具有更高的灵活度。通过薪酬水平和激励股权的灵活搭配，设置有竞争力的薪酬包，更能吸引到行业里的优秀人才。

此外，在实际操作中，为解决员工出资能力有限的问题，公司可以灵活安排标的股权出资款的缴纳。具体而言，公司可以采取如下方案：一是通过提高折扣率降低出资门槛；二是以公司或大股东名义提供借款；三是协调推荐合作银行提供配套贷款；四是通过"现金＋股权"的方式，设计不同的薪酬包供员工选择。

第六节　如何妥善应对激励对象的退出

股权激励的底层逻辑是股权给的是"位置"而不是"人"。只有能够持续地为公司创造价值的员工，才应当获得股权。但位置上的人是不断流动的，现实中很难存在永远为公司创造价值的员工。因此，激励对象的退出问题，一直以来都是股权激励的一个痛点。

妥善应对或者安排激励对象的退出，平衡好公司发展与人性关怀、公司利益与员工权益的复杂关系，关键在于在激励方案设计之初，就要对退出问题进行明确约定。股权激励不是一纸协议，而是一项制度性的"股权工程项目"。越是持续时间长的项目，越要在前期对潜在风险、或有事件做出清晰界定，约定清楚不同情形下的处理规则，把纠纷扼杀在萌芽之中。

一、妥善退出的核心在于区别定价

很多企业经营者都会纠结一个问题：当激励对象无法继续为公司创造价值时，是应当全部收回还是部分收回其手中的股权？

其实，理解了股权的底层逻辑，这个问题不难回答：股权激励的实质是将股权分享给能持续为公司创造价值的员工，既然激励对象无法再为公司创造价值，那就不应当再持有公司股权。

真正的问题在于，我们应当以怎样的价格收回激励对象手中的股权。

一个公司授予员工激励股权，必然是相信其能力，认可其能够为公司创造价值。遗憾的是，现实世界的复杂程度远超人们的想象：那位当初看好的员工，原来只是一个善于包装自己的庸人；志在闯出一番事业的青年，在财务自由后日趋保守，赶不上公司的发展脚步；曾与创始股东志同道合的伙伴，在前行路上渐行渐远；我们以为会永远一起战斗的队友，突发意外而倒下……如此种种，都是我们在过往项目中经历过的情形。

现实纷繁复杂，无法一一穷尽。但对于兢兢业业一辈子在公司干到退休的员工和窃取公司商业秘密为己谋利的员工，在收回激励股权时如果采取同样的回购价格，显然不公，也会导致股权激励的效果大打折扣，甚至产生负面作用。

因此，想要妥善应对激励对象的退出，核心在于明确界定退出情形，区分退出原因，对股权回购的价格进行区别定价。一般而言，可以根据激励对象的退出原因、公司情况及激励股权情况等关键要素分别处理。

二、根据退出原因设定不同的退出价格

员工退出的原因有很多，但总体可以分为公司原因和员工个人原因。而员工个人原因，又可以区分为员工单方退出、员工过错退出或不可归责于员工原因的退出。在股权激励协议中，应该针对不同的退出原因，设定不同的退出价格。

（一）基于公司原因的退出

数字经济时代，公司面临的最大挑战是要不断创新，拥抱新趋势，抓住时代新风口。对于企业而言，转型、创新、升级，是新时代下的生存和发展的必然。但转型可能意味着一个业务模块的舍弃，创新可能意味着很多岗位的裁撤，升级可能意味着很多无法跟上公司发展脚步的员工将被淘汰。

这时，员工本身并没有什么过错，只是公司为了生存和发展，无法再与员工继续合作。这种情况下，如果以较低的价格将员工手中的激励股权回收，势必会使员工认为公司的激励承诺只是空头支票，激励股权的价值无法彰显，股权激励的效果会大打折扣。

因此，针对这种情形下的股权回购价格，需要体现出公司对员工任职期间为公司贡献的认可。实务中，我们建议与公司的当前估值挂钩，如以退出当时最近一轮对外融资的估值为基础，参考员工行权时的折扣率来确定回购价格。

（二）基于员工个人原因的退出

1. 员工主动离职

在这个人才高度流动的时代，公司与员工之间是平等的合作关系，公

司可以主动终止与员工的合作，员工也可能因职业规划、家庭等原因主动
离开公司。

无论如何，既然员工选择离职，表明他们已不愿再为公司发展而奋
斗，不宜让员工共享公司未来的发展成果。在确定激励股权的回购价格
时，应当低于因公司原因而导致激励对象退出的回购价格，一般在员工购
买成本的基础上，加以适当的固定年化回报比如 3% 至 5% 即可。

2. 员工存在过错情况下的退出

除了上述两种情况，还会出现员工存在过错公司要求其退出的情形。
比如，当员工违反竞业禁止义务，泄露商业机密，失职或渎职，对公司业
务、声誉造成不良影响，损害公司利益以及做出其他严重违反任何法律、
法规或公司规章制度的行为时，公司往往会将其辞退。这种情况下，一般
以带有惩罚性的价格来回购激励股权，比如无偿或者一元收回股权。

（三）因不可抗力原因的退出

即使公司与员工之间始终同心勠力，但人力有时尽，总有一别两宽、
各生欢喜之日。当员工为公司奋斗一生、行将退休之际，股权又该如何
回购？

在设定股权回购价格时，应当让员工共享公司成长所带来的激励股权
的增值，比如，完全以公司的市场估值确定回购价格，甚至可参照公司的
市场估值溢价回购，让员工充分享受发展红利。

此外，月有阴晴圆缺，人有悲欢离合。在设计股权激励方案时，还需
充分认识到世事的无常，考虑到员工不幸发生意外、丧失劳动能力甚至身
故的可能性。此时，在确定回购价格上，还应包含有部分补助或抚恤所对

应的溢价。当然，应当区分意外是因公发生还是非因公发生，对于因工作原因产生的意外，设定的股权回购价格应更高。

三、根据公司发展阶段设置不同的退出价格

数字化浪潮下，新机会催生了大量的初创企业。这些顺应数字化革命而生的初创公司，往往有一个特点，即轻资产、高估值。一个只有数十人的初创公司，因为在恰当的时间选择了合适的赛道，也能得到大量资本的青睐，从而将公司的估值迅速提升至高位水平。但估值不等于公司的实际价值，不能在公司发展的每一个阶段，都以公司估值为基础确定激励股权的回购价格，而应区别对待。

（一）公司初创期的员工退出

创业是一条孤独的旅途。相信每位创业者都曾遭遇过这样的场景：自己费尽心力拉来的伙伴，因为看不清前途方向、畏惧路途艰辛而最终选择了离开。这种情况在初创公司尤其常见。

公司初创期间，无论公司还是创始股东，大多处于缺乏资金的状态，公司的商业模式也尚未得到验证，公司价值尚缺乏有效的计算标准。对于选择在此时离开公司的员工，设定的股权回购价格一般以其获取激励股权的成本为基础，加上适当的固定年化回报。这样既保证了股权本身的激励作用，也提高了回购成本的确定性。

（二）公司高速成长期的员工退出

公司的快速发展往往意味着快速升级，部分创业元老可能跟不上公司的发展脚步而主动或被动离开。

由于已经步入成长期，公司的价值已得到初步认可，对于此时退出的员工，在回购其手中的激励股权时，回购的价格应当适当体现公司价值的成长性，以激励员工投入更多时间和精力致力于公司的发展。当然，回购的价格也不宜过高，毕竟快速发展的公司，估值往往高于实际价值，一般可以公司估值为基础，折价回购激励股权。

（三）公司成熟期的员工退出

步入成熟期的公司，价值相对稳定，这离不开员工们一直以来孜孜不倦的努力。对于此时退出的员工，在确定激励股权的回购价格时，应当充分认可员工奋斗的价值，更加充分地反映激励股权的价值，可以公司估值为基础平价乃至溢价回购其股权。

四、根据股权来源和权利状态进行不同约定

员工获得的激励股权来源有三种：购买、赠送、"买＋送"；权利状态也包括三种：未解锁、已解锁未行权、已行权。

不同的股权来源和权利状态，对应不同的处理原则。

（一）根据股权来源不同确定不同回购价格

对于员工真金白银购买的激励股权，在设定回购价格时，应充分考虑员工购买激励股权的成本，回购价格一般应在其购买成本之上加以适当年化回报，且该回报应高于银行同期贷款利率。

对员工而言，在拿到公司给的股权激励方案后，第一件事一定是在心里计算自己在各种情形下到底能拿多少钱。如果计算下来，发现自己即使为公司奋斗不息，靠股权激励赚到的钱还不如躺在银行吃利息，那员工一

定会拒绝签署股权激励协议，甚至已经开始计划跳槽。

而对于赠送的股权，由于员工未付出成本，则无论此时确定的回购价格是多少，对员工而言都是"纯赚"。对这类股权，设定回购价格时应当相对调低，如此才可保证公平和有效激励。

（二）根据权利状态不同确定回购价格

在进行股权激励时，很多公司会选择分期将激励股权授予员工。比如，某公司总共授予员工10%的激励股权，条件是必须在该公司工作满四年，10%的股权才能全部成熟。每满一年，就有2.5%的股权成熟，员工可以选择行权（即以一个相对较低的价格购买）。这是一种常见的股权激励方式。

在这种激励方式下，当员工退出时，其所持股权可能有成熟且已行权的股权，有已成熟但尚未行权的股权，还有尚未成熟的股权。

此时，对于尚未成熟的股权，员工因未满足条件，所以对该部分股权不能享受权利，也就无须对此部分股权回购。而已经行权和尚未行权的股权之间的差别在于员工是否实际持有股权，在确定回购价格时，应当有所差别。

综上，激励对象的退出问题在实践中较为复杂，应当根据员工退出的原因、公司发展情况及股权权利状态等，对退出的回购定价分别讨论，综合考量。

股权融资：好公司懂得借助资本的力量

第一节　股权融资的起点：时间、金额和估值

对于创业公司，缺钱是常态，融资是刚需。股权融资是指企业股东愿意让渡部分企业所有权，通过增资扩股或股权转让的方式引进新的股东，同时获取营运资金的融资方式。创始人应该选择什么时间点进行融资？融资金额多少？公司估值如何确定？这几乎是每位创始人在融资过程中必须面对的核心命题，也是思考股权融资问题的三个起点。

一、不同的钱，有不同的"DNA"

实务中，我们很少见到一轮股权融资能够在极短时间内完成。所谓"上午见面，下午签约"，签的大多是"TS"（投资条款清单，Term Sheet），而从 TS 到标的股权交割和投资款到账还有很长一段距离。如果事先对股

权融资的进程没有合理的心理预期，往往会对融资交易中某些关键时间节点疏于把握。因此，股权融资是一门需要创始人提前做好长期规划的工作。

在这场博弈中，很多人容易忽略的一个逻辑起点是——资金从哪里来。

不同的钱，有不同的"DNA"。对于资金源而言，朋友的钱、民营企业的钱、国有企业的钱以及投资机构的钱，属性截然不同。比如，如果是朋友提供的资金支持，一般不需要复杂的流程，程序简便，到账快捷。但朋友之间往往对出资行为的性质约定不明，后续双方可能就款项究竟是借款还是投资存在严重分歧。如果是与专业投资机构洽谈融资，投资机构会事先对目标公司进行尽职调查，经过多轮磋商，并最终形成书面的投资协议，虽然谈判周期较长，但投融资关系更为规范。

再者，身份不同的投资方在股权融资中关注的风险点也各有不同。风险投资机构通常更注重投资回报，在设置优先跟投权、反稀释条款和业绩对赌条款上较为严苛。但对于国有企业来说，投资的安全性是更优先的考量，因此，国有企业背景的投资方更为注重知情权、一票否决权以及股权回购条款。

综上所述，不同的钱，有不同的"DNA"。选择不同的投资方，实际就是选择不同的融资策略。这对整轮股权融资的启动时间、融资金额、交易流程会起到根本性的影响，需要创始人全面评估。

二、不同的企业，适用不同的估值方法

2021年1月4日，成都博瑞传播股份有限公司发布公告称，公司董事会审议并通过了《关于参股上海哔哩哔哩电竞信息科技有限公司的议案》（见图4-1），决定出资5000万元人民币入股上海哔哩哔哩电竞信息科技有限公司（以下简称"哔哩哔哩电竞"），投资完成后公司将持有哔哩哔哩电

竞 6.02% 的股份。按照投资比例计算，哔哩哔哩电竞估值达 8.3 亿元。

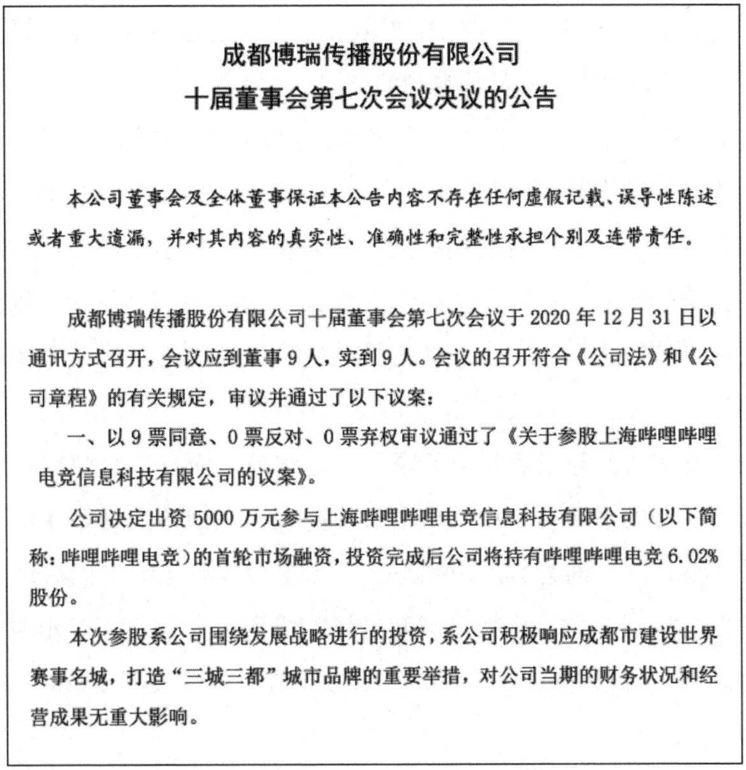

成都博瑞传播股份有限公司
十届董事会第七次会议决议的公告

本公司董事会及全体董事保证本公告内容不存在任何虚假记载、误导性陈述或者重大遗漏，并对其内容的真实性、准确性和完整性承担个别及连带责任。

成都博瑞传播股份有限公司十届董事会第七次会议于 2020 年 12 月 31 日以通讯方式召开，会议应到董事 9 人，实到 9 人。会议的召开符合《公司法》和《公司章程》的有关规定，审议并通过了以下议案：

一、以 9 票同意、0 票反对、0 票弃权审议通过了《关于参股上海哔哩哔哩电竞信息科技有限公司的议案》。

公司决定出资 5000 万元参与上海哔哩哔哩电竞信息科技有限公司（以下简称：哔哩哔哩电竞）的首轮市场融资，投资完成后公司将持哔哩哔哩电竞 6.02% 股份。

本次参股系公司围绕发展战略进行的投资，系公司积极响应成都市建设世界赛事名城，打造"三城三都"城市品牌的重要举措，对公司当期的财务状况和经营成果无重大影响。

图 4-1　成都博瑞传播股份有限公司十届董事会第七次会议决议的公告

为什么哔哩哔哩电竞估值 8.3 亿元？这个估值是如何确定的？投资人洽谈估值时会考虑哪些因素？在我们的咨询项目中，创始股东咨询最多的也是这些问题。在回答问题前，我们首先要明白估值到底是什么。

（一）估值是什么

估值恐怕是人们在各个咖啡馆听邻座的人谈创业、聊融资时提到的最高频词，没有之一。它是资本市场参与者对一家企业在特定阶段的价值判断，简单来说，就是这家公司目前值多少钱。从理论上讲，一家公司的估值＝已发行股票×每股价格。由于涉及定价，这是多数创始人最为重视的内容，毕竟谁也不愿意低估自己的公司。

对于估值，首先要注意的是，应该区分投前估值和投后估值，否则在后续洽谈中，容易与投资者产生误会。投后估值是指投前估值和本轮投资额的总和，比如，投资者向创始人口头表示公司估值2000万元人民币，计划投资500万元人民币，如果此处公司估值指的是投后估值，则公司融资后投资者持股比例为25%。若为投前估值，则融资后投资者持股只占20%。

界定投前估值与投后估值只是一个小细节，而且这个问题在后续沟通及正式签署的书面协议中，也会解释清楚。但创始人最好在口头协商时就进一步追问，因为其反应和态度会在很大程度上影响到后续融资交易中双方的谈判地位。正如美国知名风险投资人布拉德·菲尔德（Brad Feld）、杰森·门德尔松（Jason Mendelson）在《风险投资交易》中提出的建议：

"当你开始与VC（风险投资）谈判时，通常会对价格只是口头的商讨。对此如何应对处理在很大程度上会奠定你的谈判地位。所以你要提前熟悉这些模糊语言，表现出对基本条款非常熟悉，完全是一个行家里手。我们所接触的最棒的创业者都会明确假设前提，他们会说一些类似'我想你2000万美元的意思是投资前估值'这样的话，这就迫使VC把话说清楚。而且如果他确实是指2000万美元的投资前估值，那么在谈判中也没花费你任何成本。"[8]

所以，不管是口头磋商阶段，还是写入书面投资协议的条款，厘清双方对估值的定义，重要性不言而喻。

（二）影响估值的定性因素

在明确了估值的定义后，我们来看如何确定公司估值。不同行业有不同的估值方法。即使是同一个公司，估值方法也会因所处阶段不同而有所区别。结合对大量股权融资案例的处理，我们归纳影响估值的定性因素有以下几点：

1. 公司所处的发展阶段

公司所处的发展阶段是影响融资估值的核心要素，比如公司处于种子期、成长期还是成熟期，其估值有时会呈现数十倍甚至百倍差距。2021年，喜茶在获得的新一轮融资中，投后估值高达600亿元。而2019年7月的融资中，喜茶的估值仅90亿元。[9]

2. 与其他资金源的竞争

在洽谈阶段，创业者如果面对的是多家潜在资金源，在公司估值上会有较大的谈判空间。换言之，需要融资的公司应该多找几家有潜在投资意向的VC或PE（私募股权投资）。2015年，DCM和红杉资本两大投资机构曾争抢快手的B轮投资权。在得知DCM准备以8000万美元估值拿下快手时，红杉资本即刻将估值提高至接近1.2亿美元。[10]

但要注意的是，投资框架协议中可能会有排他期条款，即签下框架协议后一定期限内比如60日，要求公司不得接触任何有关股权/债权融资的请求或要约，以此确保目标公司对投资者的"感情专一"。对此，创始人应在框架协议中谨慎对待排他期条款，确保公司在面对资金方时有相对灵活的选择权。

3. 核心团队成员

投资就是投人，尤其在投资初创企业时。尽管公司费尽心思将商业计划书做得漂亮，但一家专业的投资机构在选择目标企业时在很大程度上仍然是看团队。团队的核心成员背景、相关项目经验、核心技术、竞业限制等构成了对核心团队的整体评价，进而影响公司估值。新经济背景下，人才和技术对于企业是重中之重，所以，在与投资者商谈公司估值时，核心团队成员的能力和经验是一个不容忽视的定性因素。

4. 资金进入时点和当前经济环境

投资的时间节点和宏观经济环境，往往不是我们所能控制的，但这些因素会潜在地影响投资者的估值策略。成功的股权融资必然是天时、地利、人和缺一不可。比如，喜茶的融资成功离不开国内消费赛道的激烈竞争，而且不止喜茶，新式餐饮、咖啡和茶饮……各个细分领域的消费品牌纷纷获得投资者青睐，估值扶摇而上。

以上影响估值的定性因素，是创始人在谈判中需先行判断，进而与投资者博弈的谈判筹码。

（三）定量估值方法

除了上述定性影响因子外，还需要关注估值的定量分析及计算方法，常见的定量估值方法有以下三种：

1. 市盈率估值法（PE 估值法）

PE 估值法的计算公式为

$$公司估值 = 净利润 \times 市盈率（PE）$$

其中，

$$市盈率＝每股市价／每股盈利$$

如果是基于公司上一财务年度的利润进行计算得出的市盈率，被称为历史市盈率，它是对公司目前运营状况的评估。虽然未来的收益只能通过公司当前财务年度的利润进行预测，但这种计算方式是国内 VC 和 PE 市场应用最普遍的估值指标。

以游戏公司为例，2020 年 A 股游戏板块市盈率（PE）为 28 倍，[11]但非上市公司的股权投资并购远达不到这个数字，实务中市盈率一般为3 ～ 8 倍。据此，采用 PE 估值法对公司进行估值时，可以参考同行业以及同板块上市公司的市盈率水平，并在此基础上打一定折扣。另外，还要关注利润确定的时间节点，尽可能选择对公司有利的财务年度或季度作为计算估值的基础。

2. 市销率估值法（PS 估值法）

PS 估值法的计算公式为

$$公司估值＝销售额 \times 市销率（PS）$$

其中，

$$市销率＝每股市价／每股销售收入$$

那些尚未盈利的公司无法采用市盈率来估值，但有销售额，可以采取市销率来估值。与 PE 估值法不同，PS 估值法以公司主营业务收入作为计算依据。比如瑞幸咖啡，直到上市也没有实现盈利，资本市场在对其估值时采用的便是市销率估值法。

市销率估值法的优点是不会出现负值，对于亏损企业也可以计算出一个有意义的价值乘数。其不足在于无法反映成本的变化，而成本是影响企业现金流和企业价值的重要因素之一。为了提升估值的客观性，建议 PS

估值法与 PE 估值法配合使用。

3. 市净率估值法（PB 估值法）

PB 估值法的计算公式为

$$公司估值 = 净资产 \times 市净率（PB）$$

其中，

$$市净率 = 每股市价 / 每股净资产$$

区别于前两种估值方法，PB 估值法采用净资产（如资本公积金、未分配盈余等）的财务数据，这既没有考虑企业的盈利，也没有考虑公司的收入。

什么样的企业适合 PB 估值法呢？通常是那些固定资产较多、净资产稳定，但盈利不够稳定的公司，比如周期类的钢铁、煤炭、有色金属或银行保险等传统行业。

采用 PB 估值法时要注意把商誉剔除，商誉在财务报表上算是资产，但在实际清算时没有价值。

三、不同的谈判策略，造就不同的融资结果

在股权融资时，创始人总希望给公司谈一个好估值，投资人总希望拿到一个好价格，双方都有自己的目的，并且为此竭尽全力。实际谈判中，双方最终达成一致的估值取决于前述定性因素和定量方法，也取决于创始股东的谈判策略。那么，哪些谈判策略能促成合理估值的达成，使有利的融资结果尽快落地呢？

（一）理解投资人的心态

以退定投，是创投圈的核心逻辑。不同于创始股东要和公司天长地久

的"浪漫主义"，投资者本质上是以离婚为目的而结婚的"现实主义"。对于投资机构而言，退出是压倒一切的重要命题。相对于做时间的朋友，更多投资人会看重在什么时间点可以华丽退出。因此，理解投资人参与股权投融资的真正需求，才能避免陷入僵局中。

"如果你想要说服别人，要诉诸利益，而非诉诸理性。"这是本杰明·富兰克林分享的说理智慧。企业经营者需要尝试了解你的谈判对手，比如通过搜索相关新闻了解他的投资偏好、圈内口碑，通过查询官网看看他的最新动态和投资业绩，以及通过大数据检索获取其过往投资案例等。唯有如此，才能充分理解坐在谈判桌对面的投资人的心态和利益诉求，从而在谈判中有的放矢。

（二）厘清自己区别于竞争对手的优质资源

谈判本质上是双方利益交换，而非情感交流。公司有哪些区别于竞争对手的优质资源、能为投资者带来什么、投资者从众多公司中选中你的理由又是什么，都是创始人在融资时需要反复思考的问题。因此，了解了投资者的心态和喜好后，创始人还需要清楚自身的优缺点，厘清可以作为谈判筹码的优质资源，比如技术创新成果、清晰的股权架构、出色的核心团队等，继而放大优势，获取投资者青睐。

（三）设置可以让步的底线和备选方案

高瓴资本创始人张磊曾说："企业家常常高估自己的能力，又低估了实际困难。"即使我们已经提前对投资人的投资风格了如指掌，也对自己所拥有的优质资源了然于胸，与投资人的谈判过程也并不一定能如预期那般一帆风顺。所谓"进可攻，退可守"，创始人需要提前设置好让步的底线和备选方案，这一点在双方谈判僵持不下时尤为重要。

第二节　如何通过股权融资实现快速增长

很多人认为，以高估值获得了投资人的资金支持后，股权融资之路便画上了完美的句号，其实不然，资金只是融资能为公司带来的核心资源之一，融资的金额能被直观感知或可以解燃眉之急，才使得资金的重要性被放大。但股权融资的价值远不止如此，其他被忽略的利好因素，往往是驱动企业指数级发展的关键所在。

一、以融资促进企业治理规范化

实务中，我们接触的大多数初创企业，通常在融资前重业务、轻治理，组织架构相对简单。而公司想要发展壮大，必须要有更完善的组织架构和内部控制制度。"当局者迷，旁观者清"，此时投资人的介入，可以对公司治理规范化起到实质性的推动作用。比如，投资人会在投资协议中要求获得改组董事会、委派新董事、设置观察员等管理权限。如果创始人把控得当，投资人适当参与公司治理，可以促进公司的规范化发展。

很多已经初步完成资本化的公司深知借助资本力量促进公司治理规范化的重要性，因此，在引入财务投资人以获取中短期发展资金的同时，它们还会注重战略性投资人的股权布局，积极探索对公司全局发展更为有利的融资安排，为进一步规范公司治理谋定先机。

2018年12月，复诺健作为一家飞速成长的溶瘤病毒药物公司，完成了近千万美元战略融资，投资方为国药资本。自投资进入后，国药资本便对复诺健给予了一系列赋能，包括完善公司治理结构、优化研发策略等。

在公司治理结构方面，国药资本认为复诺健的核心管理团队持股比例偏低，且这一问题会因后续轮融资稀释而进一步凸显。尤其是对于一个创新驱动的项目，核心团队的主观能动性极为重要。因此，国药资本在充分论证了公司的股权结构和运行机制后，建议复诺健引入多倍投票权机制，以实现公司治理结构的优化升级。

可见，融资不仅能为目标公司带来资金支持，更能规范目标公司的治理结构，赋能企业高速发展，最终实现投资人与创始股东的合作共赢。

二、巧借融资背后的"隐形福利"

公司融资不仅要拿钱，而且要拿"聪明的钱"。股权融资是一次创业者和投资者的双向选择，创始股东应当透过资本的联结深挖投资人的内在资源，实现产业资本和金融资本的有机融合。

（一）产业背景

产业背景主要看投资人是否具备目标公司所处行业的相关产业资源。比如互联网领域，技术和人才是核心生产要素，单凭创业者一己之力往往难以维持长期快速发展，如果投资人有互联网行业背景，自然有利于对接资源与经验，为公司发展赋能。

2018 年百度宣布战略领投新潮传媒。通过建立战略合作关系，百度的大数据算法和人工智能技术将为新潮传媒的线下终端赋能，进一步打造"AI+ 梯媒"的流量平台。

（二）融资渠道

融资渠道是指投资人在创投圈内与其他机构或个人的资金联络途径。

众所周知，"圈子"是很重要的，创投也不例外。很多投资人在投了某个项目之后，会与圈内其他机构进行资源共享。这种广泛的圈内人脉，将为公司后续融资带来巨大的帮助，形成良性循环。

回顾我们在第一章所介绍的泡泡玛特融资历程，可以看到它最终能够顺利开启天使轮融资，种子轮投资人提供的后续资金资源功不可没。可以说，对于天使轮或种子轮融资，后续融资渠道的拓展比投资金额多少更为重要。

（三）人才推荐

好的融资还能为公司带来核心人才。快手的融资故事充分说明了这一点。

在发展初期，快手只是一款叫作"GIF 快手"的工具类产品。它将民宅作为办公场地，吓跑了不少求职者。GIF 快手的创始团队当时只有两个人，一位是程一笑，另一位是其前同事。而五源资本（原晨兴资本）作为第一家真正发现快手价值的天使轮投资人，不仅向快手进行注资，还说服快手现任联合创始人、董事长宿华加盟，这是五源资本为快手做出的最大贡献。宿华最终没有辜负五源资本的引荐，将一度濒临倒闭的快手打造成为如今千亿估值、成功 IPO 的互联网头部企业。基于此，快手另一个早期投资人——DCM 董事合伙人卢蓉（现 Atypical Venture 创始人）也不禁感慨道，"我从刘芹（五源资本创始人）身上学到的最重要一点是，一个投资人可以改变公司的命运。"[12]

除了上述利好外，投资人还能为公司带来专业能力、品牌背书等隐形资源。比如，很多天使投资人也曾是跌跌撞撞一路走来的创业者，其创业经验值得借鉴，能使被投资公司少走弯路。所以，如果想利用融资实现公司快速增长，一定要巧借资本背后的隐形资源，为公司发展架设杠杆。

三、化业绩压力为提速动力

虽然股权融资带来诸多利好，但应时刻警醒——"没有又甜又不蛀牙的糖"。按照美国经济学家梅耶（Myers）提出的"啄食顺序"原则，股权融资是落后于内源融资、债券融资的最次选。股权融资是以股权换资本，越是好公司越珍视自己的股权，所以它并非一本万利的融资方式，对赌机制甚至可能使公司陷入险境。但当下也不乏善用股权融资"鱼跃龙门"的创业公司，关键在于如何把握机遇、控制风险。

（一）股权融资是把双刃剑

股权融资是一把双刃剑，它可能给公司带来如下风险：

1. 创始股东丧失控制权的风险

首先，股权融资会稀释创始人或创业团队持有的股权，使其面临丧失控制权的风险。新的投资人进入，无论受让原有股权，还是增资扩股，都会直接导致创始股东或创业团队持股比例降低。假如仅仅是 A 轮小比例融资，控制权风险尚不凸显。但如果企业已进行多轮融资，或某一轮融资金额很大，导致投资人持股比例过高，那么，创始股东有可能丧失公司控制权。因此，创始股东在融资前应充分做好保障控制权的股权架构设计，以降低后续发生控制权纠纷的风险。

2. 公司管理成本显著增加的风险

投资人享有的委派董事、重大事项一票否决等控制性权利，可能会对公司的经营决策产生重大影响，加重公司的经营压力和管理成本。

我们在项目中经常遇到，有过几轮融资经历的公司在面对重大事项决策时，需要沟通和协调诸多投资人股东的意见，有时甚至需要创始股东与投资人股东逐个见面沟通。每位股东的审批流程各不相同，一个事项从提出到最终签署有效文件，可能需要长达几个月的时间。这意味着公司不仅需要消耗极大的时间成本和管理成本，其业务发展也有可能受制于此。所以，投资人的控制性条款如何约定非常关键，我们将在下一节重点阐述。

3.对赌失败的违约风险

对赌，也称为"估值调整机制"，是投资人与创业者在达成投资协议时对公司未来发展所进行的事先约定，主要以实现特定的业绩或财务指标的形式而存在。对赌在投资协议中是最引人关注的，哪怕你对投融资一无所知，也会对"对赌"二字有所耳闻。对赌既能够以条款形式存在于投资协议中，也能够以一个专门的协议如对赌协议来约定权利与义务。

为了达成对赌条款约定的指标，创始股东和公司在融资后往往承担较重的业绩压力。目标公司一旦在承诺期结束时无法完成指标，便将承担高额的现金补偿或股份返还责任，由此引发的股权纠纷比比皆是。

（二）对赌条款的两个关注点

股权融资是把双刃剑，对赌条款同样如此。如果创始股东能够合理设置对赌条款，那么公司会把对赌的业绩压力转化为提速动力，倒逼公司飞速发展。不过，在谈判磋商前，公司经营者需要先了解对赌条款的关注点是什么。

对于创业者而言，对赌条款有两个关注点，一是对赌标的。常见的对赌标的是目标公司的未来业绩或上市时间，所谓"赌业绩"或"赌上市"。除此之外，实务中也有互联网公司以平台活跃用户数为对赌标的。依据公司的行业性质，对赌标的各不相同，但万变不离其宗，利润是投资人最看重的指标。营业收入、利润率、上市时间、战略投资人引进，都是利润的延伸罢了。

对赌条款的另一个关注点是对赌方式。常见的对赌方式有三种：一是股权调整，即在约定条件未成就（或成就）时，"赌输"的一方无偿或者低价向对方转让一定比例的股权；二是以上市为对赌条件的股权回购，如果公司未能在约定期限内上市，创始股东将以投资款加固定投资回报回购投资人所持公司股权；三是货币补偿，在对赌条款被触发时，要根据约定的条件和计算方法给予投资人现金补偿。

换言之，创始股东应重点就对赌标的和对赌方式进行商谈。一方面，需要谨慎设定对赌的利润指标，不能只看公司目前的盈利水平和增长速度，更要考虑宏观经济、行业整体趋势，甚至疫情常态化可能对公司经营造成的影响，尽量把业绩承诺设置得留有余地。另一方面，要为对赌条款的调整留下空间，在出现业绩承诺难以完成的情形时，有权利依据与投资人进行商谈和变更。

（三）从"雷军传奇"看如何借用对赌实现弯道超车

1998 年联想集团注资金山软件公司，当时外界传言，联想集团与金山软件公司签订了对赌协议，约定如果金山软件公司无法完成任务，将逐步演变为联想公司的软件事业部。时任金山软件公司 CEO 的雷军感受到了业绩压力，带领团队极力赶超。以下是媒体描述的当时的情景：

"那时候，金山激情四射，公司门口，一条醒目的横幅写着：让我们的软件运行在每一台电脑上。雷军鼓舞：我们是一支来自沙漠的雄师，怀揣梦想，敢于拼搏，要有勇气和决心去打造金山软件帝国。公司一旦确立一个业务方向，包括前台、司机在内的所有员工都嗷嗷叫，大家泪流满面，一起高唱军歌，不知道的人还以为它是一家传销公司。"[13]

在雷军带领下的金山，所有的人都被一种激情感染着，金山所在柏彦大厦 20 层深夜的灯光成为北四环夜晚一道不灭的风景。最终，雷军成功完成'对赌'任务。

自那年起，金山软件稳步增长，并最终于 2007 年 10 月 9 日在港交所挂牌上市，发行价为 3.6 港元，融资净额为 6.261 亿港元。当时，金山软件已从单一办公软件转变为以网络游戏、办公与杀毒软件为主业的综合性企业，并将网络游戏作为主要收入来源。正是雷军、求伯君等创始股东将金山软件当时所面临的业绩压力充分转化为提速动力，才使金山软件在他们的带领下走出了"金山之路"。

时至今日，雷军的传奇故事仍在继续。

2020 年 8 月 11 日，他以另一个身份——小米创始人做了一场主题为"一往无前，致敬过去、现在、未来每一位不惧考验、选择'向前'的人"的公开演讲。演讲中雷军提到，小米为了完成与格力在 2013 年达成的"10 亿赌约"，5 年内将营收从 200 多亿元提升至 1749 亿元，增加了近 8 倍，虽然最终未能击败格力，但这已然是个奇迹。

在谨慎设定对赌指标的前提下，对赌条款也能成为企业实现弯道超车的有力杠杆和重要机遇。

第三节　如何应对投资人的一票否决权条款

在使用股权融资这把双刃剑时，创始人必须慎之又慎。如何应对投资人在协议中约定的一票否决权等条款，决定了能否切实降低股权融资对创始股东带来的不利影响。所谓"知己知彼，百战不殆"，只有真正了解条款背后的诉求，创始人才能从根源上找到应对之法，实现融资目标。

一、揭开控制性条款的面纱

一份完整的股权投资协议有林林总总的各类条款，少则七八页，多则数十页。《风险投资交易》一书中，布拉德·菲尔德和杰森·门德尔松，所有投资人在投资时只关注两件事——经济因素和控制因素。基于此，他们将投资协议中的条款划分为经济性条款和控制性条款两大类。前者与投资收益有关，比如本章第一、二节提到的估值和对赌条款，以及之后的章节中会详细讲解的回购权、领售权等条款；后者与控制权有关，比如本节着重介绍的一票否决权和检查权条款。

这个划分有助于我们认识投资人设计条款的真实目的：保障资金安全、参与公司治理、确保退出渠道、获得投资回报。其中，资金安全和投资回报，是投资人的核心诉求，参与公司治理和确保退出渠道是为了辅助前两个目的的实现。这就解释了为什么投资人会如此看重控制性条款，因为这是其参与公司治理的重要保障。

当然，投资协议一般不会包含上述全部条款。最终签署的协议中有哪些条款，取决于投资人与创始股东的博弈。从这个角度来看，条款清单或投资协议不仅仅是一份清单或合同，它描绘的是创始股东与投资人的未来关系蓝图。了解了投资人背后的诉求，我们会发现，创始股东在其中发挥主观能动性的空间极大。

二、控制性条款之一票否决权

一票否决权是赋予投资人反对特定事项的特殊权利。它会对创始股东及目标公司造成怎样的影响? 从大家熟悉的小黄车 ofo 的案例中，我们会看到非常清晰的答案。

(一) 从 ofo 融资历程看一票否决权

如今大街小巷上已经很少会有小黄车的身影，但在过去几年，ofo 曾经和摩拜疯狂赛跑，一同创下了共享单车的融资爆表纪录。不到三年的时间，ofo 一共完成了近十轮融资。以下是我们根据公开媒体报道，整理出的 ofo 股权融资盛况 (见图 4-2):

图 4-2 ofo 股权融资事件

ofo 最早期的投资人以 30 亿美元的估值将股份出售给阿里巴巴和滴滴。阿里巴巴拿了大部分额度，包括朱啸虎手中的董事会席位和一票否决权，而滴滴只拿了一小部分。[14]

接手朱啸虎的股份后，阿里巴巴在 ofo 的持股比例约 10%。金沙江退出后，ofo 董事会的九个席位中，创始团队拥有五个席位，通过一致行动协议，由戴威行使全部投票权。其余四个席位，滴滴占据两席，阿里巴巴占据一席，经纬占据一席。仅从董事会席位上看，戴威似乎对董事会拥有控制权，但这只体现于企业的日常运营。致命的是，戴威、滴滴、阿里巴巴、经纬都拥有一票否决权。

此前，ofo 有一个和摩拜合并的机会。当时，ofo 的资金链问题已经十分严峻。对摩拜和 ofo 而言，合并是停止恶性竞争、止血盈利的好机会。但由于各方势力的相互制衡，创始股东戴威已然无法掌控公司的控制权。最后，ofo 遗憾地错失了这个机会。2018 年 4 月，美团收购摩拜亦成终局。

如果我们把 ofo 看作一艘快速前进的船，会发现这艘船上一共有四名船长，这导致在前进方向发生分歧时，没有一个人能说了算。所以，马化腾在评论 ofo 面临的艰难情况时曾说，ofo 溃败的真正原因在于一票否决权。

从上述股权融资历程中可以看到，豪华的投资人阵容并不等于公司的可持续发展，融资能力也不等于企业的经营能力，更不等于盈利能力。越是热门的项目，越要保持冷静的判断。此外，创始股东也应注意到，对公司融资节奏的把握是非常重要的，而且，在借用外部资本与修炼公司自身"内功"、打磨产品和迭代服务之间也要努力达到一个平衡，并不是大量资金进入企业，就一定能帮助企业走得长远。

（二）一票否决权的实现路径

公司的现代化治理结构是以董事会为核心的。虽然一票否决权可以体现在股东会条款中，比如明确当且仅当不低于特定持股比例的投资人股东同意，该股东会决议方为有效，但更多时候，投资人的一票否决权需要借助委派董事参与董事会决议的方式实现。因此，投资人往往会要求目标公司给予自己董事会席位，以便对特殊事项进行表决。如果投资金额较大，所要求的董事会席位可能还不止一个。如果同一轮融资中有多名投资人，董事会席位往往会给予领投方，跟投方不再享有委派董事的权利。

不过，不管通过何种方式呈现，一票否决权在股东会、董事会的可适用事项范围和表决程序都是实务中关注的重点。就委派董事而言，如果投资协议仅约定委派董事会人数、成员构成以及董事任期，而忽略了董事会怎么召集、如何召开，董事会的职权范围、议事规则和表决方式等，就会导致双方在协议后续履行中产生争议或纠纷，引发无穷后患。

（三）创始股东如何应对一票否决权

创始股东对投资者委派董事条款的设计，可以有效降低一票否决权带来的不利影响，我们建议至少明确约定以下核心内容：

1. 席位、人员构成及任期

创始股东应注意明确约定董事会席位数、创始股东和投资人各自推选董事的数量以及董事任期，确保双方对董事会席位、人员构成的约定清晰无异议。比如，约定自增资登记日起，公司董事会应由 5 名董事组成。创始股东有权推选 3 名董事，投资者有权推选 2 名董事（"投资者董事"）；董事会设 1 名董事长，董事长为公司的法定代表人；董事的任期每届为 3 年。

2. 董事会的召开方式、有效出席人数

实务中，投资人和创始股东在这一方面都会比较谨慎，因为双方都担

心对方会利用在董事会的多数席位，在不通知另一方董事的情况下召开董事会，导致其利益受损。所以，站在创始股东的角度，通常建议在条款中注明"董事会会议的有效出席人数应为至少包括创始人委派董事在内的3名董事"，否则该决议无效。

3. 董事会的职权范围

职权范围是委派董事条款中非常重要的内容。派人不是关键，派去的人能够决策哪些事项才是投资人真正关心的。这也是为什么职权范围在投资谈判中需要反复磋商才能达成一致。

投资协议中，投资人委派董事决议事项范围往往包括了《公司法》规定的前十项董事会职权[15]。所以，创始股东与投资人谈判的重点在于《公司法》所称"公司章程规定的其他职权"具体包括哪些。对创始股东来说，想要投资人不干预日常经营，就要争取获得人事权和财权——至少要在一定范围内获得。只要不违反《公司法》的规定，董事会的职权范围在制定时便可增可减，主要看双方具体怎么谈。我们必须清楚哪些是《公司法》的规定，哪些是公司可以意思自治的内容，并在可以意思自治的范围内，通过设置条件限制投资人的权利行使，尽可能为自己争取有利的条款条件。

三、控制性条款之检查权

由于投资人不如创始股东了解目标公司及其所处的赛道，为尽可能控制目标公司未来发展的不确定性，减少信息不对称的风险，投资人通常会在协议中设置检查权条款，作为其了解目标公司真实经营情况的重要途径，尽可能确保资金安全并最大限度地获得投资回报。

对于检查权，各方博弈的焦点在于检查权的范围，即有权查什么。

根据《公司法》第三十三条规定："股东有权查阅、复制公司章程、股东会会议记录、董事会会议决议、监事会会议决议和财务会计报告。股东可以要求查阅公司会计账簿。股东要求查阅公司会计账簿的，应当向公司提出书面请求，说明目的。公司有合理根据认为股东查阅会计账簿有不正当目的，可能损害公司合法利益的，可以拒绝提供查阅，并应当自股东提出书面请求之日起十五日内书面答复股东并说明理由。公司拒绝提供查阅的，股东可以请求人民法院要求公司提供查阅。"

由此可见，财务会计报告和会计账簿是股东有权检查的内容。

那么，与会计账簿记载内容相关的原始凭证或记账凭证等材料，是否在检查权的范围呢？

就股东检查权的立法目的而言，公司的具体经营活动只有通过查阅原始凭证才能知晓；不查阅原始凭证，中小股东可能无法准确了解公司真正的经营状况，因此，股东检查权的范围理应包括原始凭证。然而，这一点在实践中极易产生争议，原因在于，按照《关于适用〈中华人民共和国公司法〉若干问题的规定（四）》（以下简称《〈公司法〉司法解释（四）》）第七条的规定[16]，股东查阅记账凭证或原始凭证的权利应在公司章程中做出明确的特殊安排，否则存在不被法院支持的可能。

这个问题，无论对投资人还是创始股东，都非常重要。如果创始股东能够尽可能地在条款中约定投资人的检查权仅能查到会计账簿，那么在应对投资人提出的查阅原始凭证请求时，将处于更主动的地位。同时，创始股东还应注意在协议中明确投资人检查权的行使不得影响公司的正常运营，避免行使检查权致使公司业务无法正常开展、商业秘密泄露等损害公司权益的情况发生。

此外，《〈公司法〉司法解释（四）》为了维护公司的利益，还规定了股东行使知情权应承担保守商业秘密的义务，该义务的约束对象还包括辅助性专业人士如会计师、律师。依照该司法解释，在投资协议中明确约定投资人的保密义务和公司的赔偿请求权，也是对公司和创始股东的一种保护。

第四节　如何降低回购条款对创始团队的影响

为了达到保障资金安全、参与公司治理、确保退出渠道、获得投资回报，投资者一方面会考虑设置对赌条款来激励公司的业绩增长，另一方面会选择约定回购条款来为其资金预留退路。接下来，我们一起探讨如何降低回购条款对创始团队的影响。

一、"回购条款" = "流氓协议"？

2021 年 4 月，锤子科技创始人罗永浩在社交媒体公开发布了一篇名为《也许是史上能量最正、心态最阳光的创业失败者和顽固还债者》的文章，就其被投资人股东申请强制执行一事进行回应。文章称锤子科技的一家投资公司在公司急需资金续命的危急关头，乘人之危，逼迫其签署"流氓协议"，强制其个人就公司回购该投资人股权承担连带责任（我们无法获知协议的具体内容，有可能是直接要求其个人承担股权回购义务），以致其背负巨额债务。

罗永浩的发文隐藏了很多值得深究的关键信息。据报道，该投资机构仅持有锤子科技极少比例的股权，但为什么它在后续融资过程中能占据如此主动的谈判地位，甚至在原投资协议没有约定回购权的情况下，能够以此作为谈判筹码在新一轮融资中新设回购权？一种合理的可能性是原投资协议赋予了该投资机构一票否决权。这就回归到我们上一节的内容，如果当初在设计投资协议时，创始股东可以采取一些应对措施，比如限定可表决事项范围、限制委派董事席位等，相信"罗永浩式还债"能在一定程度上得以避免。

这场创始股东与投资人之间的对战，很多网友站在了罗永浩一边，抨击投资机构，认为投资人"不讲武德"。然而，不论该机构在后续融资中新设回购权的做法在商业道德上是否"流氓"，就法律层面而言，投资人的确有权向创始股东要求按条款约定履行回购，即在特定情形下按约定公式计算出的股权回购价款购买投资人持有的公司股权。投资人新增回购权实际是保护资金安全、控制项目风险的合法途径。因此，如何在法律允许的范围内最大程度上降低回购对公司及创始股东的影响，才是我们在这场博弈中需要关注的问题。

二、"回购条款"＝触发＋价格＋行使条件

找到应对策略的第一步，是清楚回购条款的构成。只有了解投资人如何行使回购权，才能进行有效应对，增加投资人行使回购权的限制，降低回购对自身的影响。

（一）触发回购的情形

回购条款中，触发回购的情形是首要问题。在投资框架协议里，双方一般简要描述投资人有权回购即可。但在正式投资协议中，需要明确界定哪些属于触发回购的情形（见图4-3）。

简而言之，触发回购的情形多为公司未能成功上市，双方关系难以维持，"感情的小船"说翻就翻的情形。所以，投资人要求创始股东把其所持有的股权全部买走。上述所列举的触发回购的情形并非"标配"，具体

由创始股东与投资人双方协商而定。此外，"对公司产生重大不利影响"如何定义，也是需要在条款中进行解释的。

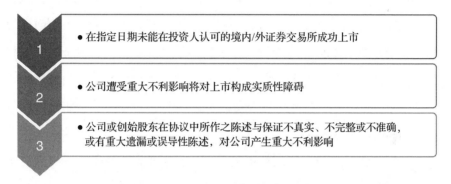

图 4-3　触发股权回购的情形示例

（二）回购价格的计算方式

回购条款中的另一个关注点是股权回购价格的计算方式。通常情况下，回购价格的计算方式为投资人出资款加上每年按照一定比率计算的回报，还可以要求扣除每年已获得分配的分红或股息，具体如下：

股权回购价格 = 投资人出资款 ×（1+10%×N）+ 投资人在其持有公司股权期间对公司每一会计年度的净利润所享有的份额之和 − 投资人在其持有公司股权期间已获得的股利

上述公式中：

- 投资人出资款：应包括投资者向公司实际缴付的全部投资者出资款（无论其计入注册资本、资本公积金还是其他财务科目）。

- N：自投资人向公司缴付投资者出资款之日起至创始股东向投资人支付上述股权回购价款之日止的天数除以 365。

- 投资人在其持有公司股权期间对公司每一会计年度的净利润所享有的份额之和：等于投资人在其持有公司股权期间的每一会计年度经投资者认可的会计师审计的净利润（包括非经常性损益）乘以投资人持有公司的出资（股权）比例。投资人行使回购权当年的 1 月 1 日至投资人发出回购通知当日视为一年会计年度。若投资人在其持有公司股权期间对公司每一会计年度的净利润所享有的份额之和小于 0，则投资人在其持有公司股权期间对公司每一会计年度的净利润所享有的份额之和按 0 计算。

- 投资人在其持股期间已获得的股利：指自投资人获得标的股权之日起至创始股东向投资人支付全部股权回购价款之日，公司已向投资人实际支付的股利。

股权回购价格的计算公式没有标准答案，需根据创始股东与投资人的最终谈判结果据实调整。

（三）回购权的行使

触发回购的情形出现，并不等于创始股东或公司履行回购义务的条件成就。实践中，投资人行使股权回购权时会存在先后两个法律行为：

- 投资人选择行使股权回购权，以激活股权转让的法律关系；
- 投资人请求回购义务人（即协议约定的创始股东或公司）支付回购款。

在第一个法律行为中，若触发回购情形出现，投资人可单方选择与回购义务人产生新的股权转让法律关系，不需要回购义务人的同意，法律术语称之为"形成权"。

第二个法律行为是在新的股权转让法律关系基础上发生的，我们通常称之为"债权请求权"。因此，投资人选择行使股权回购属于形成权，而因之产生的股权回购款给付请求权属于债权请求权。实务中，投资人通常以回购通知的形式同时做出上述两个法律行为，使人很难通过表面形式对二者加以区分，实际上，回购权是建立在两个法律行为之上的权利。

看到这里很多人可能会觉得很绕：这个性质界定有什么实务意义呢？事实上，这对创始股东设计条款以降低回购风险，有着极大的启发意义。它实际引申出两个问题：

- 投资人选择行使股权回购权是否有时间限制？
- 投资人主张支付股权回购款是否有时间限制？

如果我们在投资协议中对上述涉及的不确定的时间予以明确说明，那么这个时间将成为约束投资人行使回购权的限制性条件，对创始股东大为有利。

三、创始股东不可不知的三个约束回购条件

（一）约束投资人行使回购权的时间

触发回购的情形出现时，投资人有权选择激活其与回购义务人间的股权转让法律关系，该权利属于形成权。与请求支付回购款的债权请求权不同，后者适用三年诉讼时效，且存在中止情形。而依据形成权的性质，投资人选择行使股权回购权受到的是除斥期间限制，依法属于不变期间，不得中止、中断或延长。这意味着一旦期间结束，投资人的权利就会消失。

因此如何利用该期间对投资人形成约束尤为重要。

然而在实践中，大多数投资协议忽略了就投资人选择行使股权回购权的时间限制进行约定。与诉讼时效不同，法律目前并未就除斥期间的具体时间做出一般性规定，导致问题的关键变成了如何确定对应的除斥期间或所谓的"合理期限"。法院在个案中就这一问题具有自由裁量的空间，通常需要结合具体的交易背景、合同的履行状况以及目标公司的经营情况综合判断。

为使投资人回购权的行使受到明确的、可预期的时间限制，建议创始股东在协议中明确投资人在回购条件成就时应行使回购权的期限，并尽量将时间缩短，如投资人应在 3 个自然月内以书面形式要求回购义务人履行回购义务，否则视为放弃回购权。

（二）约束回购价款的支付方式

创始股东也可以在回购款的支付方式上，尽量采用分期付款的方式，比如将一次性支付回购价款变更为五年内分期支付。这样可以把主动权掌握在自己手中，减轻一次性支付全部回购款的经济压力，也为寻找下一个投资人预留充足的时间。

（三）约束履行回购义务的主体

从锤子科技的回购案，我们可以感受到，回购义务主体如果与创始股东本人关联在一起，将对创始股东产生冲击性的影响。这样的情形并不只是发生在罗永浩一个人身上。小马奔腾创始人李明身故后，其遗孀金燕也因李明承诺在小马奔腾未合格上市时履行一次性回购投资者全部股权的义务而背上 2 亿元债务。因此，回购义务主体应尽可能避免涉及创始股东本人，否则一旦触发股权回购，创始股东难逃被投资人起诉、列为失信被执行人、限制高消费的后果。

第五节 领售权与跟售权有何不同

领售权和跟售权是投资协议中的一对"双胞胎"。由于名称相似，很多人难以区分这两个权利条款分别意味着什么，但这是投资者在投资协议中经常设置的权利条款。

一、领售权："领"着创始股东"出售"股权

领售权又被称为强制出售权，指的是投资人可以要求或"拖着"创始股东以同样的价格和条件，向第三方转让所持目标公司的股权，所以领售权有时也被称为拖售权。它解决的是 IPO 前或 IPO 失败之后，有人愿意收购而创始股东不愿出售时投资人的退出问题。

看到这里，很多人可能会感到疑惑：为什么投资人在出售股权时一定要把创始股东拉进来呢？这是因为在并购时，收购方通常会希望购买目标公司的全部或大多数股权，如果股权比例太低，不能取得控制权，公司便失去了收购价值。所以，当有合适的并购标的出现时，投资人作为小股东，其手中持有的股权比例往往是不够的，这时他便要将创始股东一并拉入这场股权交易。

然而，由于这场交易是由投资人主导并发起的，转让价格和条件也是由投资人与第三方达成，创始股东在面对这个交易时必然十分抗拒。而且，想要创始股东出售股权，不仅关乎话语权和价格条件，更关乎情感投入，因为与投资人相比，创始股东对公司爱得更深沉。为了解决困境，投

资人设置了领售权来强制公司原有股东（主要是创始股东和管理团队）参与到投资人发起的出售公司的交易中，以保证这场交易顺利进行。

二、从饿了么被并购看领售权条款的效力

2018 年 4 月 2 日，阿里巴巴、蚂蚁金服与饿了么联合宣布，阿里巴巴已签订收购协议，将联合蚂蚁金服以 95 亿美元完成对饿了么的全资收购。收购完成后，阿里巴巴将以餐饮作为本地生活服务的切入点，以饿了么作为本地生活服务高频应用的外卖服务，结合口碑以数据技术来赋能线下餐饮商家的到店服务，形成对本地生活服务领域的新拓展。这次大手笔的并购交易很快就引起了市场的高度关注。

众所周知，并购交易不像 IPO 那样可以通过公开渠道查询到大量信息，并购的很多交易细节都是保密的。但是，由于交易双方的特殊性，我们仍然可以通过另一种方式查询到阿里巴巴对饿了么全资并购的部分交易细节，那就是上市公司披露的公告。

2018 年 4 月 2 日，上市公司华联股份发布了《关于对外投资 Rajax Holding 的进展公告》。需要特别关注的是，这里的"Rajax"，其主要运营的品牌就是"饿了么"。"饿了么"App 以及"饿了么"商标的主体公司均为"拉扎斯网络科技（上海）有限公司"，该公司的全资股东为"拉扎斯控股香港有限公司"，此香港公司的英文名称为"Rajax Holding（HK）Limited"，即华联股份公告中的"Rajax Holding"在香港的子公司。换言之，Rajax Holding 其实是饿了么的实际持有方。

这份公告披露了阿里巴巴之前已接触过 Rajax 全体股东并表达了收购意向。基于 2017 年 8 月签署的 ROFR（right of first refusal，优先购买权）协议中关于强制拖售权的约定，Rajax 未来发生并购、重组、资产买卖、

股权买卖、控制权变更等重大清算事件时，在阿里巴巴、Rajax 多数优先股股东以及多数普通股股东书面同意的情况下，其他未书面同意的股东必须接受并执行交易安排，并且 Rajax 任何董事可以代表未书面同意的股东签署交易文件。

这里的强制拖售权正是领售权，而"强制"二字的含义，就是公告所谓的"必须接受并执行交易安排"。

公告继续披露，截至公告披露日，公司收到 Rajax 通知，阿里巴巴、Rajax 多数普通股以及优先股股东已书面同意将其所持有的 Rajax 股权转让给阿里巴巴旗下全资控股子公司 Ali Panini Investment Holding Limited，已达到拖售的条件。由于公司未向 Rajax 发出书面同意意见，董事张旭豪已代表公司签署全部交易文件。公司必须接受本次交易安排，将所持有的全部股份转让给 Ali Panini Investment Holding Limited，交易对价为 1.847亿美元。

从公告可以看到，即使有的股东没有发出书面同意，只要达到领售权的条件，就必须接受相关交易安排，将所持股份转让给指定的交易方。虽然饿了么未详细披露阿里巴巴对其并购的交易细节，但这份公告将本次并购中的领售权条款展露无遗。在领售权条款的安排下，只要触发领售的情形且达到领售条件，目标公司将必须接受相关交易安排。

从这个案例，我们对领售权有了更深刻的认识。虽然仅源于英美法实践的条款安排，但领售权在中国法律视野下仍然具有法律效力。目前，《公司法》及相关司法解释并未明确禁止在投资协议中设置领售权条款，且通常将其视为目标公司股东之间就股权转让做出的特殊约定，属于双方意思自治的范畴，并认可其效力。

有时候，领售权条款还会伴随着股权回购条款、优先清算条款的适用。在俏江南创始人张兰出局的案例中，俏江南在 2012 年底未能成功上市触发了股权回购条款，但张兰因资金流不足无法回购投资人的股权，投资人进一步适用了领售权条款，要求创始人张兰一起跟随出售 72.17% 的股权。股权数量之多又触发了投资协议中的优先清算条款，最终导致张兰出局。领售权条款的"豪横"，可见一斑。

三、跟售权："跟"着创始股东"出售"股权

跟售权，又叫共同出售权或依托权，是指在其他股东尤其是创始股东转让股权时，投资人有权按出资比例以同等交易条件向第三方转让股权。与领售权相反，这里的交易条件往往是由创始股东与第三方商谈，即该交易是以创始股东为主导，投资人仅仅是接受和参与其中，因此称之为跟售亦有"跟随出售"之意。

之所以有这样的条款安排，是因为投资人希望在创始股东想要从目标公司撤退时，自己能有跟着甚至先于创始股东撤退的机会。投资人选择投资目标公司的一个很大的原因是信任创始股东和原有团队。如果有一天创始股东自己也在考虑退出，那么投资人的信任基础也就不复存在，因此，投资人要求保障自身跟售的权利也在情理之中。

相较于领售权，跟售权中创始股东转让所持有的公司股权，有可能只是出于小部分套现改善生活的目的，受让方可能也仅仅需要特定比例的股权，而不谋求对公司的控股。此时，受让方对于投资人拟跟售股权，不见得愿意接受。正是因为这个原因，跟售权条款通常写道"创始股东有义务促使受让方接受"。也就是说，创始股东需要去做受让方的思想工作，从中沟通协调，使其同意投资人加入这项交易。

综上所述，领售权和跟售权的主要区别与联系如表 4-1 所示。

表 4-1　领售权和跟售权的区别与联系

	所涉交易的主导方	所涉交易的跟随方	投资者权利	创始股东义务	条款目的	法律效力
领售权	投资人	创始股东	要求创始股东以同样的价格和条件，向第三方转让所持目标公司的股权	转让股权	保障投资人有权退出	有效
跟售权	创始股东	投资人	在创始股东转让股权时，有权要求按出资比例以同等交易条件一起向第三方转让股权	促成交易		

四、如何应对"领售权"及"跟售权"条款

对于创始股东而言，领售权和跟售权条款都很难接受，却又是投资人强势要求保留的条款。实务中，我们为创始股东提出如下建议：

（一）明确投资人拟跟售或创始股东应跟售的股权比例限额

一般按照投资人或创始股东持股比例计算。就跟售权条款而言，可以约定如

可跟售股权比例限额＝创始股东拟转股权 ×［投资人对公司的股权比例 ÷

（投资人对公司的股权比例＋创始股东对公司的股权比例）］

（二）争取排除领售权或跟售权条款适用的条件

在投融资谈判中，想直接删除合同中的条款是很困难的，但换个思路，保留权利的同时限制其行使，这种方式往往更容易被投资人所接受。比如约定创始股东对外转让的股权比例不超过持有公司股权比例 3%（含

本数）时，投资人享有的跟售权不适用。根据这个约定，创始股东出售 3% 以内股权时，将不会触发跟售权条款。

（三）增加限制投资人行使领售权或跟售权的条件

为投资人行使领售权或跟售权增加一定限制条件，也不失为创始股东应对此类条款的有效途径。比如，创始股东可以要求只有持有三分之二以上股权的股东同意才能触发领售权；或者拟收购方对公司的估值要超过本轮投后估值的两倍；或者设置时间限制条件，要求本轮融资完成之日起 5 年后才能启动领售权条款；此外，还可以设置以特定的书面形式履行领售权条款项下的通知义务等。这可以在一定程度上避免领售权或跟售权条款的直接适用，增加投资人适用的成本与难度，从而保障创始股东和公司的权益。

股权投资：助力公司的生态布局

第一节　股权投资是非标准化产品

企业对外投资兴起于美国。谷歌、微软、Facebook、英特尔等巨头公司都设立了专门对外投资的事业部。为了区别于传统的风险投资，这类投资被命名为"企业风险投资"（Corporate Venture Capital，简称 CVC 投资）。企业投资人参与的 CVC 投资运营模式多样，包括如下形式：

- 企业亲自下场或内设投资部门进行投资；
- 设立专业投资子公司投资；
- 单独设立投资机构投资；
- 与第三方管理机构合作设立合资机构投资。

对于大部分企业而言，内设部门直接投资是较为常见的运营模式，本节主要针对这一模式进行分析。

上一章我们探讨的是股权融资，从创始股东的角度分析如何巧借资本的"东风"。事实上，股权融资和股权投资是一种商业行为的两个角度，实践中很多创业者也是投资人。对于公司而言，投资和融资是存在差异的。融资关注的是公司本身的线性延伸，投资则是面的拓展，甚至是空间的重塑——或是上下游产业的融合，或是对邻近业务的开拓与辐射。越是发展迅速的公司，越倾向于借助股权投资构建企业新生态。正是基于股权投资的多样性和复杂性，我们将其界定为"非标准化产品"。

一、股权投资为何是非标准化产品

投资非标准化与投资标准化的概念是相对的，标准化是指在一定条件下产生的结果是相同的。放在投资领域，就是在投资对象、投资环境等参数相近的情况下，投资方案趋于一致。但在实际的投资过程中，股权投资更像一种个性化操作，往往受到投资主体偏好、投资对象背景、行业竞争环境以及宏观经济形势等因素的影响，衍生出各种截然不同的投资方案。投资领域常见的种子轮、天使轮等融资，投资人往往也各有不同的偏好和风格。比如元气森林的创始人唐彬森，从连续创业者成为风险投资人，他热衷于"早介入"式投资，关注焦点为消费投资领域，旗下的挑战者资本在天使轮、A 轮、Pre-A 轮的投资占比超过六成。

所以，股权投资从来没有万能公式和模板。相反，每个投资方案都是由不同的投资策略、创始股东博弈和行业周期构成的，代表了投资人对项目的独立判断。这也正是股权投资格外吸引人的地方。

二、股权投资的个性化因素

(一) 行业领域

如果从宏观角度分析，股权投资的行业选择往往与经济社会的发展态势紧密关联。伴随着中国经济结构的转型，股权投资方向也逐渐转向互联网、生物医药、半导体等新经济产业。在我国提出"碳达峰""碳中和"两碳目标后，高瓴资本、中金集团等机构投资者都瞄准背后的投资机遇，陆续推出了专项绿色基金。可见，股权投资的宏观行业趋势始终是与时俱进的，经济发展和技术进步会衍生出新的投资机遇，资本则会进一步反哺产业发展。

如果我们聚焦具体的行业领域，会发现投资模式也会受到行业特征的影响。比如同是进行 A 轮融资的快手和极智嘉，前者是互联网短视频平台，后者是智能物流仓储机器人研发企业，快手在 A 轮融资获得的投资额远少于极智嘉。很重要的一个原因是，软硬件结合的高新技术公司较纯互联网公司需要更多的前期资本投入，投入的周期也相对较长。

(二) 投资人偏好

在股权投资领域，投资人既有专业的投资机构，如各类股权投资基金，也有上下游企业或同行业竞争者，如泰格医药和宁德时代。投资人身份不同，投资目标也各有侧重，有的是实现投资价值回报，有的则是进行产业链的战略布局。侧重点不同的投资目标，自然会产生不同的投资方案。

以泰格医药为例，作为生物医药研发服务平台，其股权投资围绕医药产业各环节进行广泛布局，包括创新型医疗器械、生物医药、医疗信息化、营养健康等企业。在取得投资收益的同时，泰格医药更期待优质投资标的在协同整合后可以帮助其拓展业务边界。

（三）创始股东个人因素

虽然股权投资的被投主体为公司，但实际投资对象是目标公司背后的创始股东及团队。高瓴资本创始人张磊曾总结自己的投资理念：投公司就是投人，真正的好公司是有限的，真正有格局观、有胸怀、有执行力的创业者也是有限的。高瓴资本之所以挑中蓝月亮创始人罗秋平，成了蓝月亮唯一的外部投资人，是因为张磊认为创业者要有能力容忍企业短期的亏损，勇于闯入新的品类。

三、如何在非标准化环境中，完成较为理想的股权投资

股权投资的目标是实现投资人和目标公司的双赢，而股权投资的非标准化会增加投资方和融资方的沟通成本，甚至因信息不对称阻碍投资。那么，在非标准化环境中，企业该如何推动较为理想的对外股权投资？我们从目标确定、尽职调查和风险防控三部分谈起。

（一）目标确定

不论股权投资的个性化因素如何千差万别，明确投资目标都是重中之重。投资人需要明确投资目标是业务整合、产业布局还是获得投资收益，并争取与目标公司的融资目的相互契合。总体而言，CVC投资目标主要分为五类，分别是产业生态投资、全产业链投资、多元化投资、互补型投资和前瞻性投资。

确定投资目标后，首要的问题就是确定股权投资的参与规模：是参股

投资、控股投资还是全资收购。

　　一般来说，风险和收益是成正比的。当企业想通过股权投资兼顾业务整合与获得投资收益时，通常会采用控股或全资收购的方式，以大股东身份掌握目标公司更大的话语权，进一步拓展产业链或业务板块。而当企业单纯希望获取投资收益时，参股比例则更为自由，当然，即使企业只是小股东，也可以在投资协议上设置相应的投资人股东权利，比如知情权、委派董事权、反稀释权、领售权、跟售权等，来保障自己的利益。

（二）尽职调查

　　导致股权投资非标准化的表层原因，是投资项目中存在各种参数、条件的变化，但究其深层原因，是股权投资市场中投资人与目标公司及创始股东之间的信息不对称。目标公司往往通过精美的商业计划书和融资 PPT 推介自己，这可以帮助潜在投资人快速了解创始团队的商业模式，但是投资人投入真金白银之前，要了解的远不止这些，这就需要第三方专业机构协助投资人完成尽职调查。

　　尽职调查的重点是通过调查目标公司的各项业务、财务和合规的真实情况，帮助投资人发现风险以规划投资方案，设计交易结构，安排交易条款。同时，尽职调查需要侧重关注投资目标的实现以及目标公司的主营业务相关风险。

　　比如，投资人希望通过股权投资打通上游的产品研发资源，尽职调查的侧重点可能是知识产权风险，包括核心产品是否具有自主的知识产权，是否因抄袭模仿产生权利瑕疵，是否存在研发设计被泄露的风险等。

　　再比如，对一家互联网渠道型公司的尽职调查的侧重点可能是营业收入的合法性和持续性，包括收入是否过分集中，付款条件是否存在约定不明进而影响准时收款的风险等，因为这种公司的营业收入往往依靠重大的客户或供应商。

（三）风险防控

股权投资的本质是投资方与融资方的商业合作，商业合作必然利益与风险并存。非标准化环境下，股权投资的风险边界并不清晰，这要求投资人厘清风险红线。触碰红线的风险，将对投资交易构成实质性障碍；未及红线的风险，可以通过谈判协商、交易架构设计予以控制，也可以主动妥协，让步于利益。

投资存在风险和投资风险发生，前者的概率一定大于后者。也就是说，并不是所有的投资风险都一定会发生。在实践中，清晰明了的投资交易条款往往可以搭建起风险屏障，帮助企业控制股权投资风险。

比如，在公司治理方面，企业可以设置一票否决权，从而控制目标公司重大风险事项，也可以通过指派己方董事参与董事会表决程序规避风险；在投资者权利方面，企业可以设置反稀释权，保障投资权益不因公司后续降价融资而被削弱；在股权退出方面，企业可以明确约定退出机制的触发事件，或通过对赌及回购条款设置业绩指标和回购退出方式。

第二节　如何对目标公司做尽职调查

"尽职调查"的法律概念最早起源于美国《1933 年证券法》，第 11 条 "虚假注册的民事法律责任"以及第 12 条"与招股章程和通信相关的法律责任"中规定了证券经纪和交易商的"尽职抗辩"责任。[17]在中国语境下，尽职调查多与资本市场相关，需要尽职调查的场景包括投资并购、

IPO、不良资产处置、担保交易等。

在股权投资领域，尽职调查是指投资者对目标公司的主营业务和商业模式、资产和负债情况、经营和财务情况、法律关系以及合规风险进行的一系列调查，可以归纳为业务尽职调查、财务尽职调查和法律尽职调查三个方面，涉及券商、会计师事务所和律师事务所等第三方专业机构。

一、股权投资尽职调查意在何为

在股权投资前安排尽职调查似乎已成为"标配"：投资经理、会计师和律师通过大量资料查阅，实地走访搜集海量信息，制作尽职调查评估报告，分析投资价值与风险，然后由企业决策机构或投资部门讨论分析，做出投资决定。这类尽职调查不是找碴儿游戏，其根本目的在于为企业解决投资交易的信息不对称问题。

就像"买家秀"和"卖家秀"之间存在鸿沟，投资方在股权投资过程中也常会迷失在项目方天花乱坠的商业计划书中。如何确定目标公司的股权结构和权责归属，如何深挖目标公司主营业务的潜在风险和合规状况，如何明晰目标公司所在的行业的发展前景和监管态势，这些项目信息的完整性和准确性，将直接决定投资决策的科学性。

总体来说，尽职调查信息可以分为两类：风险识别信息和价值挖掘信息。

风险识别信息是投资人希望通过尽职调查排查获取的主要信息，如股权结构是否清晰稳定，财务数据是否真实，业务内容是否合规，资质证照是否完整等。投资人需要考察这类风险是否会对项目造成实质性阻碍，判断投资收益是否能得到保障。对这类信息的调查以法律尽职调查为主。

价值挖掘信息则更偏向于行业和市场研究，通过分析具体项目的商业模式、研发情况、产品或服务、业绩表现、上下游渠道等经营信息，评估项目是否具有投资价值，进而确定项目估值作为后期谈判基础。这类信息涉及投资的估值和定价问题，以业务和财务尽职调查为主。

二、股权投资尽职调查的关注要点

（一）行业调研是起点

大部分投资属于"自上而下"的选择，投资人在良性发展的行业生态中择优投资。在不熟悉行业环境的情况下，直接对目标公司进行尽职调查很容易"情人眼里出西施"，会本能地更倾向于挖掘对方的优点。需要说明的是，股权投资并不意味着一定要挑选上升型、热门类行业的公司，有时大家认为的没落行业反而可能是潜力股。比如证件照拍摄行业，十年前很少有人认为这是投资蓝海，市场上到处是小规模证件照相馆，行业门槛极低，消费频次很低，似乎毫无规模化发展的空间。但"天真蓝"发现了行业盲区，横空出世，通过提升服务质量、积累人气口碑扭转了行业趋势。2019年，它收获了 A 轮 4500 万元人民币融资。

行业调研的对象是什么？

图 5-1 行业调研的对象

如图 5-1 所示，行业的价值需求、商业模式、技术门槛、竞争格局和政策环境，是投资人对行业状况综合了解的五个抓手，每个细分行业也各有侧重。

（二）人员调查是核心

股权投资的本质是"入伙"，兼具资合性和人合性，而资金的托付必然以信任为基础，投资前的人员调查就是考察项目团队的能力值、稳定性和安全性。

以风险投资为例，初创企业多以人才为基础，投资人看中的是创始团队的业务能力与发展空间。所以，创始团队的履历背景、技术资历、竞业情况是投资尽职调查的重心。

同时，人员调查也能帮助投资人"排雷"，规避投资风险。比如在互联网行业，竞业禁止协议普遍存在，若是触发了创始股东或核心人员的竞业限制条款，很可能动摇项目根基。还有创始团队之间的股权比例分配、成员融洽度、团队稳定性，都是尽职调查时需要留意的事项。

（三）过往融资须考察

好的项目从来不缺投资，当你瞄准某个公司准备进场时，很可能已经有其他投资人捷足先登。而前任投资人在进行股权投资时，为保护己方利益，往往会对新一轮投资提出限制条件，比如要求公司新一轮投资需要获得原投资人的同意，新增资时原投资人的股权不得被过度稀释，原投资人可以对新增资或转让的股权行使优先认购权或优先受让权等。这些限制条件必然会影响新一轮投资的自由度和预期利益。

因此，仔细梳理目标公司原有投资协议的权利义务设置，明确目标公司的已有融资情况，包括融资比例、估值、投资人特殊权利条款，以及是否签署过补充协议等，也是股权投资前必要的调查内容。

（四）合规事项需重视

公司运营过程中的主要风险有两种：一是自身经营风险，二是合规监管风险。因为很多新兴业务的法律监管滞后，经常出现业务发展初期尚未有行业政策出台的情况，合规防范较为薄弱。比如在线教育行业，2020年其市场规模达到近 5000 亿元，融资金额超过 539.3 亿元，投资形势一片大好。[18] 但 2021 年下半年以来，教育行业尤其是学科类教育领域受到监管机关的严厉管控，资质审核、培训内容、广告合规、收费管理、教师资质等逐一被纳入合规监管的审查范围，顿时引起极大的震动。

由此可见，对合规事项进行梳理和分析，是尽职调查的必经环节。比如网络游戏行业的合规焦点是资质，游戏上线运营需要国家审批通过的版权号，网络游戏运营单位需要 ICP 证，游戏出版单位需要互联网出版许可证，网络游戏直播平台需要网络直播许可证。[19] 当投资人对网络游戏企业进行投资前的尽职调查时，资质核查也就成了尽职调查的重要内容。

三、股权投资尽职调查从何着手

（一）投资目标决定尽职调查的方向

投资人的身份不同，决定了投资目标也不同，投资可能是为了布局业务、抢占风口，也可能是为了价值回报、资本增值。两种不同的投资目标，实际上对应着两种不同性质的资本，即产业资本和金融资本。

产业资本属于战略性投资。对于腾讯投资这样的产业资本而言，对外进行股权投资的核心永远是战略价值。在这类投资交易中进行尽职调查，目标是辅助投资人判断目标公司的团队人员和主营业务是否存在核心风险。

如果投资人是专业机构，对目标公司投资的目的是财务回报，这类投资交易中的尽职调查目标侧重于目标公司的持续盈利能力。金融资本的投资者大多为机构投资者，注重股权投资的价值回报，因而更加关注公司运营收入、利润率等财务数据，而在法律尽职调查中则相应地侧重于重大资产、重大债权债务、关联交易以及重大诉讼或仲裁的情况。

（二）实地尽职调查掀开公司面纱

在法律尽职调查时，尽职调查方法一般根据"是否需要在目标公司实地核查"分为现场尽职调查和非现场尽职调查两类。现场尽职调查被称为"进场"，尽职调查人员通过核对原件、实地访谈、走访考察，力求"眼见为实"。

首先，重要资料的原件往往需要现场查验和核对。重要资料包括但不限于证照、合同、权证以及核心文件，如图 5-2 所示。

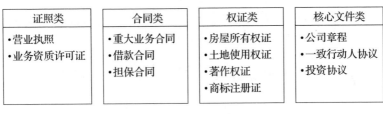

图 5-2　尽职调查重要资料的分类

其次，实地访谈是投资前尽职调查的重头戏。很多背后的故事无法凭资料得知，需要专业人员与目标公司的核心成员当面沟通，这也有助于投资方了解目标公司的业务分工。访谈的对象一般包括公司创始股东、总经理、副总经理、财务总监和法务总监等。根据投资项目的不同，可以适当调整访谈对象。

最后，针对特别事项，走访是行之有效的尽职调查方法。比如，对于存在众多上游供应商或下游客户的目标公司，通过对供应商和客户的走访沟通，尽职调查人员可以了解目标公司的实际销售情况、竞争对手分布、市场需求潜力等。在监管合规方面，尽职调查人员通过走访主管机关和行业协会，也可以评估目标公司所处的行业动态和具体监管风险。

（三）远程尽职调查探寻隐秘细节

除现场尽职调查外，远程尽职调查也是尽职调查的主要渠道。根据投资项目的紧急度和重要性，尽职调查人员会在调查过程中有侧重地核查目标公司的公开信息，比如公司登记资料、备份存档文件以及网上公开信息。

资料或信息的远程核查不是一蹴而就的，往往随着尽职调查工作的不断深入，会重复查阅、交叉核实。同样，对于纷繁复杂的网络信息，如何找到关键的项目信息和目标公司情况线索是远程核查的要点所在。

第三节　哪些风险因素是交易的实质性障碍

面对不断迭代升级的新技术和越发多元化的用户需求，即使是目前发展路径已趋于成熟的互联网企业，也逐渐步入转型期。在新技术与新业态不断冲击的时代背景下，如何控制股权投资中的实质性风险，已然成为企业的"必修课"。

一、影响股权投资的四重风险

（一）政策风险：股权投资的"生死局"

政策变化是牵动股权投资命脉的重大因素，原本发展势头一片向好的投资项目也可能因政策风向的骤变而面临崩盘，如在线教育行业。所以，股权投资投的是一家公司的未来，也是一个行业的前途。对于受政策影响较大的行业，投资人对政策转向判断失误，可能直接导致股权投资交易陷入泥潭。

除了关注宏观政策，在数字经济时代，新经济领域的投资还应更加注意数据安全相关的政策法规影响。目前，随着《中华人民共和国数据安全法》与《中华人民共和国个人信息保护法》等法律法规的审议颁布，数据安全及个人信息保护已经处于从严监管的高压态势。截至 2021 年 6 月 21日，工业和信息化部的 App 专项整治行动已经对 4002 款违规 App 提出了整改要求，公开通报 1248 款整改不到位的 App，组织下架 329 款拒不整改的 App。[20] 这些待整改 App 涉及违规收集个人信息、违规使用个人信息、欺骗诱导用户跳转页面等多种问题。

如果目标公司的主营业务涉及大量数据收集或个人信息处理环节，一旦发生数据安全违法违规问题，除了可能被整改通报产生负面影响外，还有可能导致运营的产品被下架处理或使企业面临行政处罚。因此，面对新经济领域的投资，企业有必要在尽职调查过程中将数据安全列为重要的核查项目，谨慎评估。

（二）市场风险：选错赛道满盘皆输

市场进入的难易程度是股权投资的核心考察因素，如果某一行业存在较高的市场壁垒，那么投资人就要考虑在该领域投资的必要性和可行性。以当下热门的便利店扩张为例，在一线城市便利店市场已趋于饱和的情况下，711、全家等品牌便利店正考虑向二、三线城市扩张。但下沉市场的消费者需求与一线城市存在差异，且这些城市往往盘踞着当地的区域性龙头企业，比如南京的"苏果"、山西的"唐久"和"金虎"。当本土便利店已成气候，且如毛细血管般在这一区域延伸分布时，品牌便利店受限于较高的市场壁垒，其大规模下沉之路并不好走。

除市场进入风险外，投资人也应审慎考虑市场容量问题。我们说股权投资需要选准赛道，但是大的赛道并不一定是好的赛道。每一个行业市场的容量都是有限的，也许企业可以在野蛮扩张阶段"烧钱圈地"、抢占市场，但当面临新技术、新产品、新模式的冲击时，短期占据优势地位的企业是否能够继续吸引消费者？市场容量是否会被步步蚕食？

以长视频行业为例，腾讯、爱奇艺、优酷等头部企业长期占据着这一赛道的优势地位，但在这一"烧钱"的行业里，头部企业也面临着大幅亏损的困境。在龙头企业靠"烧钱"存续的业态下，行业内可能并不存在中小企业的试水空间。因此，对于市场容量有限且发展前途未明的投资领域，投资者应保持理性、谨慎的态度。

（三）技术风险：变不了现的核心技术

在新技术时代，一项技术可能还未广泛应用就被另一项技术所替代，技术的前景问题是投资人面临的一个难题。没有人能够在投资时就预见到某一项技术能否顺利落地、是否有产品化的可行性以及是否有规模化空间。而且，技术研发通常耗费大量成本，即使是被外界普遍看好的人工智能技术，头部企业也正因高昂的研发成本而面临大幅亏损。因此，如果被目标公司的技术能力所吸引，在股权投资时不仅需要考虑具体技术的发展前景，更要考虑研发成本。技术投资属于长线投资，企业应该对自己的投资预期、退出时限等予以充分评估。换言之，企业需要审视自身的延迟满足能力，所谓"延迟满足"，放在股权投资领域来看，就是"当前不赚钱"的另一种表达方式。

此外，技术类企业在知识产权方面很有可能存在法律风险。这类法律风险包括目标公司核心技术的知识产权权属是否清晰，是否涉及与他人共同开发的情况，以及如果存在这些情况在权利享有方面如何约定等。

（四）管理风险：从内部"击溃"股权交易

股权投资中，选准投资赛道是一种投资逻辑，投对"人"则是另一种更关键的投资逻辑。决定企业发展的重要因素是"人"，很多股权投资都是因为看好创始人而达成，比如元气森林的创始人唐彬森凭借其出众的个人能力而获得众多投资人的青睐。确实，创始人是一个企业的灵魂，但投资人也应该注意，某个"人"的作用不应该被夸大，企业的发展前景应该与整体的人才结构挂钩。

在经营管理方面，常见的投资风险有企业战略风险、组织结构风险等。除此之外，还有一种容易被忽视但又关乎企业命运的风险，即公关风险。我们以 2020 年 9 月在港交所挂牌的农夫山泉为例。2021 年 6 月，农夫山泉旗下一款拂晓白桃味饮料因在宣传中称原料桃子"取材自日本福岛县"，由此引发了重大舆论风波。虽然农夫山泉在事件发生后紧急回应，称该产品为创制风味，配料中没有从日本福岛进口的成分，但其股价仍在 7 月一度跌破 40 港元，市值蒸发超 3000 亿港元。因此，企业在股权投资时应充分重视目标公司宣传不当或创始人因言论不当而带来的公关风险，尽可能通过协议约定等方式进行风险控制。

二、股权投资的风控之道

上文阐述了投资人在股权投资过程中可能面临的四重风险，而投资与风控，先天就是相互矛盾的存在。一个投资项目如果承诺完全无风险，那很可能也没有什么盈利空间；相反，如果股权投资毫无风险控制，那就无异于赌博。因此，企业需要平衡投资价值与风险管理的尺度，通过事前评估、合同义务约束以及分期分段投资的方式，力求在风险控制的前提下投中优质项目。

（一）事前评估

针对上述风险，投资的事前评估可以分为三方面：

在政策风险方面，投资人有必要加强对政策文件的研究、解读，把握政策的大方向，必要时可向拟投资细分领域的相关部门进行咨询。对政策敏感或政策不明的领域，投资人更需要审慎投资。

在技术风险方面，我们建议投资人采用深入访谈的尽职调查方式，访谈对象包括资深行业专家、拟投资企业的供应商及客户等。对于有较大技术风险，无法形成明显技术优势或者技术产品化、规模化较困难的项目，投资人可避免涉足。

在管理风险方面，投资人应事前对目标公司进行详尽的尽职调查，分析目标公司的股权激励情况、人才架构、内部控制制度等，并结合尽职调查结论评估投资前景。

（二）合同义务约束

通过清晰明确的投资协议来约定合同义务，也是控制投资风险的有效方式。怪兽充电就是一个典型反例。

2021 年 4 月 1 日，怪兽充电在美国纳斯达克上市，成了共享充电宝第一股。但就在上市前一周，怪兽充电曾经的天使投资人冯一名曝光了与怪兽充电 CEO 蔡光渊的股权纠纷，控诉蔡光渊未履行其退出项目时通过微信聊天做出的承诺——转让 3% 的公司股权。毫无疑问，这样的股权争端对于投资人和创始股东而言是两败俱伤，而争端的根源就在于缺少清晰明确的书面协议。

虽然说商业往来以诚信为本，但"君子不立于危墙之下"，借助书面协议明确权责、避免纠纷，何乐而不为？具体而言，投资人可在投资协议中详尽约定业绩对赌、股权回购、违约责任救济等条款。一旦出现目标公司管理不善、业绩不振等情况，投资人可以利用投资协议条款来保障自身权利或及时止损。

（三）分期分段投资

实践中，投资人也可采用分期分段的投资方式来有效控制投资风险。具体而言，投资人可以与目标公司约定在投资协议签署后先投入首期款项，在公司达到约定的业绩条件之后再跟进后续投资。相应地，如果目标公司未能达到约定目标，投资人可以采取放弃追加投资、调整投资比例或采取股权回购退出等方式，以控制投资风险。

毫无疑问，分期分段投资是行之有效的风险控制方式，赋予了投资人在延迟期内进一步观察市场和项目变化的权利。但需要注意的是，由于这一模式限制了目标公司的收款权利，紧俏的目标公司可能不会接受，投资人也许会因此错失投资机遇。

第四节　交易结构：股权投资的核心

从本质上来说，股权投资是投资人为了实现财务目标或战略目标而进行的一场以资本换股权的交易。在这一过程中，交易结构是投资人与目标公司磋商的主要内容，包括投资金额、目标公司估值、投资获得股权比例、核心团队服务期限、业绩对赌指标、退出安排等事项。对于企业投资者而言，股价、股数和股权是股权投资交易结构中的梁、板、柱，对企业的投资效益具有直接影响。

一、股价：股权投资的价值判断

（一）投资估值是双方利益博弈的结果

在风险投资中，确定股价的关键在于公司估值。一般来说，

$$股权投资额 = 公司估值 \times 购买股权比例$$

在股权比例固定的情况下，公司估值越高，投资人需要付出的投资金额就越高。那么，公司估值是不是越高越好呢？

要回答这个问题，需要先了解公司估值的方法。我们已在第四章中具体介绍了估值常用的三种方法：市盈率估值法、市销率估值法和市净率估值法，每种方法本质上都是对公司价值的货币化预估。但在实际的股权投资案例中，我们发现，有时企业的融资后盈利能力无法达到投资估值的预期，种子期和初创期的企业更难以估值。

在无法通过以上估值方法精准确定目标公司估值的情形下，股价很大程度上是交易双方博弈的结果，这也能从股权投资的发展史中得到印证。中国早期的股权投资缺乏畅通的投资渠道和信息披露渠道，创业公司获得股权融资的机会也相对较少，因此早期的股权投资交易更多表现为买方市场，也就是投资人在股权交易中占优势地位，不少优质公司都存在估值偏低的情况，比如早期的腾讯、阿里巴巴等。随着股权投资市场逐渐发展，私募基金登记备案制度建立，投资渠道和信息披露机制越来越完善，大批目标公司的估值水涨船高。尤其是一些风口行业，如网约车、直播、芯

片、人工智能等领域的企业，尚未实际盈利的市盈率估值可能就达到了几十倍甚至上百倍，这无疑提高了投资人的估值风险。

所以，对于投资人而言，高估值不可怕，可怕的是估值被高估。正是出于对估值风险的担忧，投资协议中往往会设置估值调整机制，以防范风险和减少损失。

（二）高估值衍生的对赌条款

在信息不对称和企业未来发展不确定的情况下，基于未来业绩的估值对赌是控制估值风险的有效办法。投资人和目标公司通过对未来业绩、上市时间等对赌指标设定衡量标准，约定未来在投融双方之间进行现金或股权调整，借此为目标公司戴上"紧箍咒"。

本书第四章第二节已经详述了对赌的指标设置和补偿方式，在此不再赘述。实务中，投资人需要关注对赌条款的另一关键问题，也就是对赌的效力和履行。分析对赌的效力，要先了解投资安排中对赌的三种形式，分别是：投资方与目标公司的股东和／或实际控制人对赌，投资方与目标公司对赌，投资方与目标公司、目标公司的股东和／或实际控制人共同对赌。

根据"海富案"司法裁判以及 2019 年《全国法院民商事审判工作会议纪要》（以下简称《九民纪要》）的观点[21]，第一种对赌形式，即投资人与目标公司的股东或者实际控制人的对赌，一般都认定有效并支持实际履行。而投资人与目标公司之间的对赌条款效力问题，则需要进一步判断。简单而言，如果投资人与目标公司对赌，投资人须避免被认定为股东抽逃出资。如果目标公司以股权回购的方式履行对赌义务，只能且必须通过定向减资的方式进行。

此外，目标公司承担金钱补偿义务的前提之一是公司有足够利润。所以，为了防止公司因规避金钱补偿义务而故意将利润做低，或者通过关联交易等方式导致公司亏损，实务中我们建议企业投资者增设风险控制措施，比如可以增加知情权的事项范围或扩大一票否决权的覆盖范围。

二、股数：股权投资的比例争夺

（一）投资人股权比例的边界

在投资金额确定的情况下，投资人和创始股东争抢的第二个高地就是股权数量。对于投资人而言，在投资金额确定的条件下，获得的股权数量当然是越多越好，但投资人获得的股权比例是否应该有合理的界限？

如前所述，股权投资是非标准化产品，投资者在目标公司的发展过程中时常扮演不同的角色，而无论是战略投资还是财务投资，如果投资人持股超出了一定界限，很可能导致创始股东从公司所有者变成职业"打工人"，继而影响其创业动力，也可能给公司的后续融资埋下隐患。

（二）保量保价的反稀释条款

投资者与创始股东的股权争夺是一场拉锯赛。在投资过程中，当公司开展后轮融资时，新投资人的加入可能使得老投资人的持股比例降低，或是在降价融资的情况下导致老投资人的股权贬值。

为了防止股权比例降低或股权贬值，投资人通常会在投资协议中设置反稀释条款。其中，在保障投资者股权比例方面，反稀释权的约定卓有成效。反稀释权主要适用于公司后轮融资为降价融资之时。什么叫降价融资呢？即公司拟增加注册资本对应的认购价格比投资人先前认购价格更低。打个比方，降价融资就像你刚以吊牌价把春季新款衣服买回家，第二天专卖店就八八折促销，这意味着投资人持有的标的股权贬值了。

股权数量反稀释的方式通常有两种，一种叫完全棘轮，另一种叫加权平均。适用完全棘轮条款时，原投资人过去投入的资金所换取的股权全部按新的最低价格重新计算，增加的部分由创始股东无偿或者以象征性价格向原投资人转让。完全棘轮的特点在于，不考虑新增出资额的数量，只关注新增出资额的价格。与此不同，加权平均条款则将新增出资额的数量作为反稀释时一个重要的考虑因素，既考虑新增出资额的价格，也考虑融资额度。所谓"加权"，指的就是反稀释时考虑新增出资额数量的权重。

三、股权：股权投资的权力与权利

除了股价和股数的争夺外，投资者股权最终不能少了"权"，它包含了在整个股权交易中投资方获得的一系列权益和预期回报。我们以一票否决权和知情权为例进行分析。

（一）高端 buff[22]：一票否决权

第四章第三节论述了创始股东如何应对投资人的一票否决权，那么，当身份转变时，企业投资者又该如何行使一票否决权？

在一票否决权的范围方面，投资人与创始股东在一定程度上利益趋同。一票否决权属于高端 buff，如果对于公司日常经营中的鸡毛蒜皮也设置一票否决，就会降低目标公司的经营效率，不利于投资人获取投资收益。所以，我们建议投资人在确定一票否决权的事项范围时，与创始股东充分协商，把握核心利益、控制否决事项的颗粒度。

同时，需要提醒投资人注意的是，投资人的一票否决权可能被反垄断监管部门认定为"控制权"。具体而言，在当下的执法实践中，如果投资人取得对经营计划、财务预算、重大商业决策或高级管理人员任命领域的一票否决权，反垄断执法部门会倾向于认定为控制行为。

（二）隐藏技能：知情权

股权投资中，投资人往往不直接参与目标公司的日常经营管理，因此投资人通常会在投资协议中明确约定目标公司向其提供相关信息，并要求适当的核查权利。实务中，知情权条款并不是股权投资交易谈判的重点、难点，但如果投资人能争取到该条款的有利条件，在投后管理过程中将大幅保障投资者权益。

在知情权的博弈中，投资人可以从权利范围和权利行使两个角度发力。知情权一般体现为信息权及检查权两种权利的结合。获取必要文件的信息权是投资人了解公司运营状况的基本路径。目标公司往往倾向于限制信息披露范围，投资人则应争取重要财务信息和经营管理信息的扩张性解释，比如将制作会计账簿的原始凭证，如会计原始凭证、发票合同、纳税申报书等纳入检查范围。

另外，为保障知情权的顺利行使，投资人可以要求目标公司在确定的时间点向其提交相应的文件或者报告，且确保信息的真实、准确、完整性，比如要求相应财务信息应当经过投资者认可的中介机构审计，或要求聘请专业机构陪同行使知情权。

第五节　以退定投：慎重考虑退出问题

大部分投资人通过股权投资参股目标公司时，谋求的都是在条件合适时顺利将股权变现。无论是投资人还是创始股东，我们都建议以终为始、以退定投。最好的合作模式是在投资交易启动时，就对投资退出问题达成初步共识，并落实在投资协议相关条款当中。在退出方式上，主要有上市退出、向第三方转让退出、创始股东回购退出以及清算退出四种类型。

一、上市退出

鉴于证券市场的杠杆作用，上市退出可以产生较高的投资回报，通常被投资人认为是最优的退出方式。当目标公司经营达到一定业务规模或财务指标时，往往会谋求上市，将公司股份转变成可以在公开市场上流通的股票，投资人也可以通过股票在公开市场的转让实现投资退出和资本增值。上市主要包括境内上市和境外上市。其中，境内 IPO 的主要市场有主板、中小企业板、创业板和科创板，境外 IPO 较多集中在港股或美股。

由于具体上市地区的监管政策不同，投资人有必要与创始股东预先规划。具体而言，在目标公司 IPO 前的一两年，股东和投资人必须做大量的准备，对公司的经营管理状况、财务状况和公司合规都要进行重点关注。同时，对于突击入股的投资人，即在提交上市申请前 12 个月内入股的新股东，证监会要求其股份自上市之日起锁定 36 个月，并要求中介机构全面披露和核查投资人的相关情况。[23]

此外，具有国际资本背景的投资人会更倾向于选择境外上市退出的方式，但如果目标公司以境外 IPO 为方向，投资人需要与目标公司规划红筹架构的搭建事宜。通常的操作流程是：实际控股股东在境外设立离岸控股公司，投资人向离岸控股公司注入资金，再由离岸公司收购境内实体。早期的阿里巴巴、网易便是通过这种红筹架构成功在境外上市，投资人也通过境外股市套现退出。

然而，对于一些股权比例相对分散的目标公司，公司实际控制人必须通过投票权委托的方式对公司进行实际控制，而投票权委托或称 AB 股的股权结构可能会对境内 A 股上市造成障碍。对于这类股权结构的公司，需要投资者提前筹划上市方案。

二、向第三方转让退出

上市虽然是投资人退出的第一选择，但相对来说这种方式的难度较大，因此，很多投资人会选择以在公司后续融资中转让股权的方式退出。相对上市退出，这种方式的退出更能满足投资人对退出时间的预期，灵活性也较强。

为了保证投资人在下一轮融资的过程中能够通过股权转让退出，投资人在股权投资协议中通常会安排优先出售权 [24]、领售权和跟售权。

三、创始股东回购退出

当公司估值存在上升空间、转让收益高于投资成本时，投资人往往会通过向第三方转让股权的方式退出。但是当投资后目标公司业绩不佳、未完成对赌或创始股东存在违约情形时，投资人可以通过要求创始股东回购的方式退出。

在实践中，触发回购的情形常常和对赌条款有关，比如公司未能在指定日期在投资人认可的境内外证券交易所上市，公司遭受重大不利影响而对上市造成实质性障碍，以及创始股东存在陈述与保证不真实或不完整等情形。对于投资人而言，需要注重触发回购的情形规定，如果投资人能够争取到"重大不利影响"等模糊概念的解释空间，在后期投资退出时也更有保障。

此外，对于股权回购的方式，一般投资人会在投资款的退还以外要求按照固定回报率支付一定溢价，固定回报率通常为 8%～12%。而在回购义务的履行主体方面，投资人可以将创始股东与目标公司相关联，要求目标公司就创始股东的回购义务承担连带责任。

四、清算退出

股权投资流程中，上市、向第三方转让股权、股权回购是三种主流的退出方式，三者也依次体现了投资者投资效益的递减态势：上市退出最优，向第三方转让次选，股权回购力争保本。但除此以外，还有一种投资人不愿使用但必须关注的退出方式，即清算退出。

清算退出是针对已终止经营或投资失败的项目，投资人按照法律程序收回目标公司残留资本的退出方式。当目标公司无法持续经营且投资人无法通过其他方式退出时，投资人必须果断地对目标公司进行清算，避免损失进一步扩大。这里不得不提及股权投资协议的"优先清算条款"。

优先清算条款就像大厦里指向拐角楼梯的安全出口，是危机情况下投资者的紧急通道，决定目标公司在发生清算事件时蛋糕如何分配。清算优先权一般有两个组成部分：优先权（Preference）和参与分配权（Participation）。参与分配权进一步分为三种：无参与权（Non participation）、完全参与分配权（Full participation）、附上限参与分配权（Capped participation），混搭下就有三种清算优先权，如图 5-3 所示。

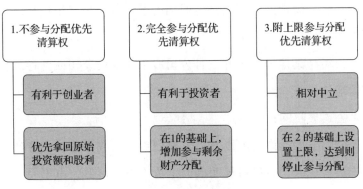

图 5-3　三种清算优先权

上述划分原本针对的是英美法实践中 A 系列优先股股东，与普通股股东相比，他们会优先拿回投资金额加一定回报，在保障这一点的前提下，再来谈是否将优先股转化为普通股并按股权比例分配公司剩余财产。在我国现行法律框架内，优先股发行主体仅限为证监会规定的上市公司（可公开发行，也可非公开发行）以及非上市公众公司（只能非公开发行），所以有限责任公司不存在优先股股东及转化的问题。但几乎所有投资者都会采取如下对其有利的制度安排：

1. 要求从公司全部可分配财产中优先分配获得投资款加一定回报；

2. 可分配财产不足以按 1 进行分配时，则应全部分配给投资者；

3. 按 1 进行分配后仍有剩余时，所有股东不分先后地按股权比例进行分配。

可见，在优先清算权上，即使公司没有优先股安排，投资者一般都会要求参与分配的优先清算权，至于是完全参与还是附上限，就看双方博弈了。

需要说明的是，优先清算条款的触发器——清算事件，并不是一般理解意义上的公司关门倒闭。在投资协议中，清算事件有更为丰富的内涵，除了《公司法》规定的公司因法定原因解散而成立清算组进行清算外，一般如下情形也被视为清算事件。

（1）公司与其他公司合并，且公司股东在新设公司或者存续公司中不拥有控股地位；

（2）公司被收购；

（3）公司出售、许可或以其他方式处置全部或部分核心资产。从这个角度，投资者在谈判时尽可能明确固定清算事件情形，也不失为一种有利争取。

综上，清算事件如图 5-4 所示。

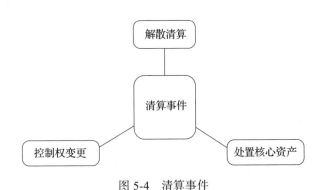

图 5-4　清算事件

　　正如 KKR 共同创始人亨利·克拉维斯（Henry Kravis）所说："收购成功之时，无须向我祝贺；顺利卖出之日，才是庆功之时。"[25] 对于大部分投资者而言，资本逐利是本质追求，管理控制目标企业并非最终目的。从退出获益的层面分析，投资者和创始股东的利益诉求是一致的。所以，对于首次公开发行和股权转让的退出路径，投资人需要做的是理性规划和有序执行。

　　但是，并不是每一笔股权交易最终都能溢价退出，当目标公司发展情况陷入困境或不符预期时，投资者也可果断选择股权回购的退出路径，但这一前提是投资协议有效约定股权回购条款。此外，投资者也可以通过投资协议约定股权投资款部分为"可转债"，以达到在股权投资交易收益不佳的情况下仍能保证投资金额的安全。

■ ■　■　■　　■ ■ ■

第六章　|CHAPTER6|

股权纠纷：能打会谈，消除纷争

第一节　当股权问题遇上新经济商业模式

十年前，小米还在为打造"国产手机之光"这一品牌奔波，美团也只是一个刚刚起步的团购网站，而滴滴、今日头条更是尚未成形。谁也无法预料的是，十年后，小米从手机制造商转型为以手机、智能硬件和 IoT 平台为核心的物联网生态链集团；美团也摇身一变成为以"餐饮＋平台"为战略核心的超级平台，支撑起美食、娱乐、出行、支付等多品类业务，实现线下和线上零售业务的整合，与滴滴、今日头条并称为"TMD 三巨头"。

物联网、大数据、平台经济、互联网金融……这些我们曾经闻所未闻的新商业模式在短短十年间已从萌芽走向成熟，并对我们的生活产生了巨大影响。这一切都与数字经济的发展密不可分。

不过，数字经济一方面能够为各类新商业模式提供生长土壤，另一方面也会让部分企业水土不服，最终落得枯黄败落、难以持续的局面。所以，在数字经济浪潮中，有的企业"好风凭借力，送我上青云"，发展成为行业巨头，有的企业则一路跌跌撞撞，遭遇诸多挫折，还有的企业甚至已经消失。为什么会出现这样的差异？新经济商业模式下的企业股权问题是原因之一。

一、新经济下股权架构应匹配吸引人才的需求

数字经济时代，无论是互联网公司，还是传统公司，普遍都对技术型人才有着高度依赖。我们可以通过股权激励、组织架构设计等方式为企业吸引更优质的人才，但是，不同阶段的企业面临的股权问题千差万别。

初创公司大多是有"人"没"钱"，需要引入投资，但投资人又不直接参与企业的实际经营。因此，在创立初期，如何分配股权的问题更为重要。由于两类股东对公司的投入不一样，投资人股东一般只需要出资，而创始股东不仅需要出资，还要投入大量时间参与公司经营和运作，提供核心技术，招揽人才，寻找合作资源等，其付出很难完全以金钱衡量，所以，在股权设计上一定要体现出对创始股东价值的认可，否则在后续企业发展中很可能出现争议。

而一些发展壮大中的公司，除了面临融资问题外，还要面对优质人才严重流失的问题。为了留住一直陪伴公司成长的创始团队和员工，创始人一般考虑用股权激励的方式与核心人才深入"绑定"。但是股权激励具体该采用什么方案，是全员持股还是核心员工持股，是创始人需要深思熟虑的事情。如果倾向于核心员工持股的方案，那么在公司初创时期就跟着老板一起"白手起家"的员工，与公司发展时期才加入的员工是该一视同仁

还是有所区别？老员工是否在未来一定能匹配公司战略发展的人才定位？对员工的激励方案是否应当根据其对企业的价值在激励额度、出资、行权条件等多方面综合考虑？对某些新员工的股权激励是否会伤害老员工的心理感受？员工离职后的股权该如何处理？看似简单的股权激励，背后交织着公司发展战略与人情感受等多重因素，需要管理者充分权衡。如果不在制订股权激励方案中充分考虑各种因素，后续将有可能引发纠纷。

二、新经济下股权架构应匹配未来融资的需求

新经济商业模式下，为了加快发展步伐，很多公司会引入更多投资人，或对员工开启多轮激励。但多轮融资或激励后，创始股东的股权也将被不断稀释，控制权纠纷自此而起。

创始股东对于公司控制权的"执念"，源于对公司经营管理的决策话语权。如何在确保控制权不落入旁人之手的前提下，既实现对公司经营管理的高效决策，又能从股权设计上节省管理成本，是创始股东处理股权问题的"刚需"。

我们在第二章中提到的通过设立有限合伙企业作为员工持股平台的操作，就是解决这一问题的途径之一。一方面，有限合伙企业的优势在于不受《公司法》的约束，为创始股东留下了与投资人及员工商洽的空间；另一方面，双方可以通过合伙协议约定，由创始股东或者其信任的人担任普通合伙人，将涉及合伙企业的经营管理等重大决策权集中于普通合伙人。根据《合伙企业法》的规定，普通合伙人的权限并不以所持有的合伙份额为前提，因此这种情况下创始股东可以达到以较小的出资牢牢掌握控制权的目的。同时，与企业法人相比，有限合伙企业治理结构精简，不需要经过股东会、董事会、监事会等复杂的程序进行沟通决策，沟通相对高效，

能够大幅减少管理成本。

三、新经济下股权架构应匹配商业模式升级的需求

当前，各行各业忙于寻求数字化转型，大家都不愿意错过数字经济带来的时代浪潮。2021 年 3 月，国家正式发布《中华人民共和国国民经济和社会发展第十四个五年规划和 2035 年远景目标纲要》(下文称"十四五"规划)，对整合优化科技资源配置、打造数字经济新优势等多方面提出规划。其中，着重强调要加快数字化发展，建设数字中国。可见，作为未来国家经济发展的新引擎，数字经济将为各行各业带来重大变革。

从技术发展的角度来说，大数据、云计算、物联网、区块链、人工智能、5G 通信等新兴技术，都将成为未来数字经济技术形态的代表。无论是传统行业还是互联网行业，拥抱新的数字技术，将带来新一轮的经营变革。

尤其是 2020 年以来，席卷全球的新冠肺炎疫情不仅改变了我们的社交习惯，也影响了我们的消费喜好。越来越多的人开始习惯在互联网上购物、娱乐、阅读甚至远程办公与会议，各行各业都开始追求数字化的转型和突破。

其中甚至有我们容易忽视的农牧企业。根据 2020 年 2 月农信研究院与中国农业大学 MBA 中心合作发布的《新型冠状病毒肺炎疫情对中国农牧企业影响调研报告》，已有超半数的农牧企业采取灵活用工方式，实施云平台办公、自动化生产等；33.57% 的农牧企业积极拓展供应商渠道；28.16% 的农牧企业开始重建物流渠道；25.63% 的农牧企业加快新产品新服务的开发。毫不夸张地说，连养猪企业都在尝试数字化转型。

即便是已在数字化赛道上盘旋三十多年的互联网行业，在数字经济浪

潮下也依然有创新性打法，比如，5G 通信时代来临后，其超低延时的特点使云游戏的体验更加流畅，因此，不少数字娱乐公司都开始进军云游戏服务市场。

而对数字经济方向具有浓厚兴趣的投资者们也在不断观望、等候和选择下一个具有潜力的投资对象。可以说，在新经济商业模式下，企业寻求转型升级要解决的不仅是产能、产品和技术的问题，更要从公司治理角度出发，通过更为科学合理的股权设计，融合互联网思维去提升企业的核心竞争力，以期在留住核心人才、吸引更多投资的同时，从容地拥抱数字经济浪潮带来的机遇与挑战。

可见，赶上数字经济这趟列车，加快新经济商业模式转型，已成为行业共识。因此，创始股东要提高对企业股权架构设计等问题的重视程度。

第二节　应对股权纠纷的底层逻辑

伴随新经济商业模式的到来，股权争议更易发生。因此，公司除了要在业务层面提升竞争力外，还要注重科学合理的股权设计，以免因股权纠纷而伤及公司日常经营，阻碍公司业务增长。

古人有言，以铜为镜，可以正衣冠；以史为镜，可以知兴替；以人为镜，可以知得失。创始股东可以从各种股权纠纷案例中吸取经验，提前做好风险防范。

一、两类常见的股权纠纷

从司法角度来看，实践中的股权纠纷主要有股权确认纠纷与股权转让纠纷两大类。

（一）股权确认纠纷

股权确认纠纷主要是指股东向法院请求确认自己享有股东资格的案件，通常发生在隐名股东与显名股东之间，比如常见的代持股协议纠纷。

代持股协议是由实际股东委托他人代为持有其享有的某公司股权的书面合同，此时，实际股东即隐名股东，受托人为显名股东。采取代持股方式的具体原因有很多，但根本原因都是真实出资人不能或不方便公开自己的身份，如为了规避经营中的关联交易、规避其他在先的与持股行为冲突的合同约定如竞业限制义务而找别人代持股，或者在股权激励时因不方便将员工登记为公司股东而代持股等。无论出于什么目的，在委托人和受托人之间都会因此形成一种委托持股的法律关系。实务中，股权代持经常发生违约的情形，对于真实出资股东来说，这会使其面临股东资格得不到法律确认的潜在风险。

（二）股权转让纠纷

股权转让纠纷主要发生在股权转让的过程中，既包括股东之间转让股权的纠纷，也包括股东与非股东之间转让股权的纠纷。虽然股权转让行为通常会有股权转让协议对交易双方进行约束，但在履行股权转让协议的过程中仍然有可能发生争议。

常见的争议事由如约定分期支付股权款但投资人未按时支付、"阴阳合同"效力之争等。

所谓"阴阳合同"，是指交易双方出于特殊的交易背景，比如为了规避高额的股权转让所得税，而签订两份股权转让合同。其中，"阳合同"

是为应对工商登记或税务机关而在办理股权变更登记时签订的一份权利义务非常简单的股权转让合同，通常约定的股权转让金额远低于交易双方真实意思表示。而"阴合同"才是反映其真实意思表示的股权转让合同，一般对于交易双方的权利义务、交割条件、特殊利益承诺等有更为详细的约定。如果双方因各种原因后续就股权转让发生争议，那么一方提起诉讼后，"阳合同"是否有效则成为案件的关键，也成为原告方面临的难题。若主张"阳合同"有效，那么其中约定的低价转让款数额无法接受；若主张无效，则已完成的股权转让登记行为欠缺合法的合同依据。实务中，甚至还有可能因为交易双方不重视"阳合同"条款而随便套用合同模板，结果其条款与"阴合同"的管辖条款约定不一致。发生争议时双方应以哪份合同约定的管辖条款作为起诉依据，成为一个亟须解决的现实问题。

二、股权纠纷的本质：股东身份

将股权纠纷的类型分为股权确认纠纷与股权转让纠纷，是我们基于司法审判视角对案由的归纳，而非唯一分类标准。虽然我们对股权纠纷进行了分类，但股权纠纷无论由股权确认还是股权转让引发，本质上都与股东的身份有关。

据我们检索的案例分析，几乎在所有的股权纠纷场景中，涉案当事人的股东身份主要是以下三类：

（一）创始股东

创始股东是公司成立之时的股东，这类股东在公司成立之前就已参与了多项具体筹备工作，包括确定公司名称、住所、经营范围、经营管理制度、出资义务与股权分配等事项，通常还是在公司章程上签字的重要人物。创始股东不以持股比例多与少来界定其身份，既包含控股股东，也包含小股东。

（二）外部投资人

外部投资人即在公司各轮融资中通过购买公司股权取得股东身份的自然人或法人。尽管都享有"股东"身份，但外部投资人与创始股东对公司的意义是大不相同的。外部投资人之所以愿意以现金购买公司股权，是因为追求投资回报，希望通过股权投资的形式收获资本增长，看重投资的财产性收益。与创始股东不同，外部投资人股东对公司的投入是有时限的，一般在投资之际便有明确的退出安排。换言之，外部投资人享有的股东身份，大多附有期限。

（三）公司员工

公司员工，此处特指通过公司股权激励获得股权而成为股东的员工。这部分成为股东的员工既有别于公司其他股东，也与普通员工不同。从员工角度来看，既然享有公司股权，他们就不再是单纯的员工身份，他们的职业发展与公司的业绩增长进行了绑定，与公司的发展有了更加紧密的关联；从股东角度来说，他们与其他股东不同之处在于与公司之间多了一层人身隶属性，并且可能只享有股权中的分红权而不享有表决权。同时，他们得到的股权大多不是一次性完成授予的，而是附条件的激励，比如只有员工在企业满足一定的工作年限或完成特定的业绩目标才触发激励，被激励的员工达到行权条件并行权后才成为公司的股东，享有股东权利。

上述不同身份的股东可能会发生股东内部纠纷，即案件双方当事人均为公司股东。比如，创始股东与外部投资人之间发生纠纷，这类案件主要围绕投资协议发生，常见的情景包括对赌条款未能达成而引发的合同违约纠纷、因回购条款引发的回购纠纷、因创始股东违反竞业限制义务引发的违约案件、因投资款未能支付引发的争议等。再如，持有公司股权的员工可能会因劳动关系解除、违反竞业限制义务、股权分红或小股东权利被侵害等缘由与其他股东或公司发生争议。

实践中也可能发生外部纠纷，即仅有一方当事人为公司股东的纠纷。股权代持纠纷就是典型的公司外部人员与股东之间的争议类型。由于代持行为较为隐蔽，一旦发生争议，首先面临的就是股权确认问题，即司法认定代持协议是否有效。在代持过程中，还有可能发生代持人滥用经营管理权、表决权、分红权等权利，擅自出让或质押股权，因代持人死亡引发的继承纠纷或因代持人离婚导致的真实出资股东对这部分代持股权的确认纠纷等问题。

换言之，股权纠纷实际上是要厘清双方当事人是否为股东身份，以及是何种股东身份。只有确定了当事人的股东身份，才能进一步明确该当事人是否享有对应的股东权利、股东权利应如何行使等问题，从而使判断双方的谈判地位、选择以何种方式解决纠纷有据可循、有法可依。

三、应对股权纠纷的底层逻辑：情、理、法相结合的原则

股权纠纷发生时，诉诸法院并非唯一路径。应对股权纠纷的底层逻辑，应当是遵循情、理、法相结合的原则。

（一）动之以情

所有问题，归根结底都是人的问题。

我们建议，创始股东在处理股权纠纷尤其是在处理与员工之间的股权

纠纷时，尽量不要简单粗暴地与员工谈法律、看规定、摆合同，而是要穿透冷冰冰的条款，与员工进行"情"的交互，也就是俗称的"共情"。

这个员工之所以能够成为被激励员工，是因为他与公司一定不仅仅是简单的劳动关系，他可能是跟随老板白手起家的核心团队成员，是伴随公司成立与发展的"家人"。公司从"0"到"1"的业务发展征途中，他付出的不止自己的劳动力，还对公司倾注了荣辱与共、共同进退的特殊情感；在企业数字化、产业化转型过程中，他可能投身于公司业务拓展与项目开发，并因此成为股权激励的对象。在处理这样的股权纠纷时，我们要将"法"放在最后，对这样的员工动之以情，这能在看似复杂的股权纠纷中起到四两拨千斤的关键作用，使矛盾得以化解。

（二）晓之以理

晓之以理，通常用于处理创始股东与外部投资人之间的股权纠纷。

外部投资人的投资目标非常明确且单一，就是追求资本增值，从外部投资人决定投资的那一刻起，他的终极目标就是"投资增值后退出公司"。因此，在处理这类纠纷时或许没有太多的情分可言，因为双方并不存在"共情"的基础，而应优先从"理"的角度处理纠纷。比如，一旦陷入股权纠纷，对公司整体而言是不利的，尤其在公司处于新一轮融资或拟 IPO 的阶段。既然双方都是公司股东，目标应当着眼于将蛋糕做大，这样每一方的持股比例所对应的价值才能最大化。在这个基础上，更容易达成更小化成本解决事件的共识，避免采取法律手段。

（三）诉诸法律

告还是不告，是一个需要从长计议的问题。

最重要的是，我们需要考虑最终想实现的目的是什么，是希望"以打促和"，还是以诉讼的方式影响对方申报上市或产品上线计划，又或者是通过诉讼影响舆情或公众评价。另外，还需要综合考虑为此可能付出的诉讼费、律师费、时间等成本及诉讼请求被支持的可能性，综合评估起诉的可操作性。

综上，应对股权纠纷的底层逻辑需要将情、理、法相结合，在矛盾发生的不同阶段，情、理、法三者的适用孰先孰后、孰重孰轻，没有特定标准，这既是对管理者的考验，也是对律师能力的考验，更是处理及应对股权纠纷的关键。

第三节 从"庆渝之争"看大股东如何应对控制权纠纷

大股东的控制权纠纷位列公司四种高频股权纠纷之首，这也许会让人觉得有点困惑。从一般认知出发，大股东凭借其持股比例的优势地位，似乎理所应当对公司享有控制权。

其实不然，大股东的控制权往往处于内忧外患之中。对外，大股东的股权可能会因新投资人入股和员工股权激励被多次稀释，在新经济环境下更易引发控制权纠纷；对内，夫妻间婚姻破裂，便可能引发一场关于控制权的厮杀，"土豆条款"就是由此而来。

因此，为了争夺公司控制权的案例时有发生，"庆渝之争"便是其中之一。

一、"庆渝之争"究竟在争什么

根据从公开渠道查询到的北京当当网信息技术有限公司（以下简称当

当网）的股权架构（见图 6-1 ），截至 2021 年 3 月 23 日，俞渝与李国庆分别是当当网的第一及第二大股东，夫妻二人持有的股权超过 90%，其中仅俞渝持有的股权就超过了 50%，是名副其实的控股股东。

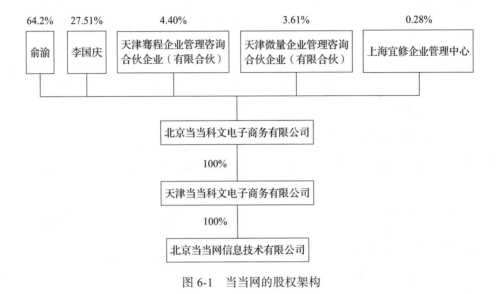

图 6-1　当当网的股权架构

不过，随着李国庆与俞渝的婚姻关系破裂，作为当当网创始人，李国庆并不认可俞渝对公司享有控制权。2020 年 4 月 26 日，当当网发声明称，李国庆带人闯入当当网办公区抢走了几十枚公章、财务章。两天后李国庆发布了一则人事调整公告，将俞渝调离当当网，安排其负责当当公益基金业务。

"庆渝之争"，说到底在争的是当当网的控制权。

二、什么是"控制权"

有人认为，"控制权"等同于"控股"，谁是控股股东，谁就对公司享有控制权。而关于认定控股股东的要件，我们可以从《公司法》中找到答案。《公司法》第二百一十六条第二项规定："控股股东，是指其出资额占有限责任公司资本总额百分之五十以上或者其持有的股份占股份有限公司股本总额百分之五十以上的股东；出资额或者持有股份的比例虽然不足百分之五十，但依其出资额或者持有的股份所享有的表决权已足以对股东会、股东大会的决议产生重大影响的股东。"

《上市公司收购管理办法》第八十四条中对控制权有更加明确的界定："有下列情形之一的，为拥有上市公司控制权：（一）投资者为上市公司持股50%以上的控股股东；（二）投资者可以实际支配上市公司股份表决权超过30%；（三）投资者通过实际支配上市公司股份表决权能够决定公司董事会半数以上成员选任；（四）投资者依其可实际支配的上市公司股份表决权足以对公司股东大会的决议产生重大影响；（五）中国证监会认定的其他情形。"

对照该办法中的"控制权"解释，我们会发现，持股比例仅仅是认定公司控制权的判断方式之一，而探讨谁是控制权的实际享有者，不仅是看谁的持股比例更高，还要综合其他影响控制权的要素进行评价。

三、应对控制权纠纷的关键

（一）争取表决权比例

一般来说，股东应按照其出资比例行使表决权，但《公司法》第四十二条规定："股东会会议由股东按照出资比例行使表决权；但是，公司章程另有规定的除外。"因此，股东除了可以按照出资比例行使表决权外，也可以通过公司章程对其表决权另做安排。

实务中，大股东可在公司章程中约定股东可以不按出资比例行使表决权，比如在 AB 股的股权架构中就会出现出资比例与表决权不对等的情形。这种情况下，如果大股东能够成为享有表决权比例最高的股东，那么将在一定程度上实现对公司最高权力机构——股东会的控制，在对公司股东会的审议事项做出意思表示时，也能够充分影响股东会决议，更大限度地享有对公司的控制权。

（二）控制董事会席位

《公司法》第三十七条规定："股东会行使下列职权：（一）决定公司的经营方针和投资计划；（二）选举和更换非由职工代表担任的董事、监事，决定有关董事、监事的报酬事项；（三）审议批准董事会的报告；（四）审议批准监事会或者监事的报告；（五）审议批准公司的年度财务预算方案、决算方案；（六）审议批准公司的利润分配方案和弥补亏损方案；（七）对公司增加或者减少注册资本作出决议；（八）对发行公司债券作出决议；（九）对公司合并、分立、解散、清算或者变更公司形式作出决议；（十）修改公司章程；（十一）公司章程规定的其他职权。对前款所列事项股东以书面形式一致表示同意的，可以不召开股东会会议，直接作出决定，并由全体股东在决定文件上签名、盖章。"可见，公司董事会人选由股东会表决进行选举和更换。

同时，《公司法》第四十六条规定了董事会职权范围："董事会对股东会负责，行使下列职权：（一）召集股东会会议，并向股东会报告工作；（二）执行股东会的决议；（三）决定公司的经营计划和投资方案；（四）制订公司的年度财务预算方案、决算方案；（五）制订公司的利润分配方案和弥补亏损方案；（六）制订公司增加或者减少注册资本以及发行公司债券的方案；（七）制订公司合并、分立、解散或者变更公司形式的方案；

（八）决定公司内部管理机构的设置；（九）决定聘任或者解聘公司经理及其报酬事项，并根据经理的提名决定聘任或者解聘公司副经理、财务负责人及其报酬事项；（十）制定公司的基本管理制度；（十一）公司章程规定的其他职权。"作为对股东会负责的职能机构，董事会掌管公司事务，有权召集股东会，决定公司经营计划和投资方案、决定内部管理机构的设置等，权力不容忽视。

因此，控制董事会席位实际上是掌握公司控制权的方式之一。在控制公司董事会席位后，大股东不仅可以实际参与公司的具体业务经营和执行运作，还能在必要时实现股东会召集，通过行使股东表决权影响公司经营管理。

（三）决定高管人事任免权

公司控制权的争夺最终会落到"人"的争夺上，大股东要确保在关键的高级管理人员岗位上有"自己人"，以便控制权纠纷发生时，可以通过核心高管层平稳控制公司的财务与关键业务。

根据《公司法》第四十六条规定的董事会职权，董事会对于公司经理、副经理、财务负责人，甚至上市公司董事会秘书等高级管理人员享有任免权。所以，控制董事会席位是保证高级管理人员人事任免权的重要条件，环环相扣。

在"庆渝之争"中，李国庆作为当当网创始人，深谙"关键人"的作用。因此，在"公章事件"后，李国庆第一时间发布了人事调整公告，重新任命了多位集团副总裁、总裁助理及董事会秘书。这些被任命的高级管理人员要么是跟随李国庆出走当当网并重新创业的人，要么是李国庆未出走当当网时就已任高级管理人员的老员工。

不过，尽管李国庆先后实施了召开临时股东会、修改公司章程、召集董事会、争夺公章以及任免高管等一系列意在把握控制权的行为，但当当网方面表示，因临时股东会的召集程序不符合《公司法》规定，且修改公司章程未经过代表表决权三分之二以上的股东同意，因此任免高级管理人员的通知是无效的。

（四）公章保管权

公司作为法律上拟制的"独立个体"，其对内及对外的意思表示在有公章加持的情况下，能直接代表企业法人的意志。

在"庆渝之争"中，作为最为直观且代表公司意志的重要信物，公章同样成为双方抢夺之物。"庆渝之争"最终得以在互联网上升级发酵，也是因为李国庆带人"闯入"当当网办公区"抢走"数十枚公司印章。公章对实现控制权的重要性从中可以窥见一斑。

不过，"实际占有"公章和"有权保管"公章是两回事。我们首先要明确的是，公章属于公司资产，无论公司股东、董事、经理还是其他人员，只有经过公司授权才能取得公司印章的"保管权"。但保管仅仅是"暂时持有"，一旦公司做出新的意思表示后，原"暂时持有"公章的人员应当予以返还。因此，"实际占有"公章并不等于"有权保管"。

遗憾的是，由于公章保管问题属于公司"意思自治"的范畴，《公司法》体系并未明确规定应由公司内部的哪个部门或职位负责保管和使用公章。我们通过公开渠道检索到法院针对公章保管与使用问题的认定，"范某与北京某有限责任公司公司证照返还纠纷"中二审法院做了相关说明：第一，公司拥有对公司印章的所有权，掌管公司印章应依据法律规定或公司章程及公司内部有关制度的规定。第二，范某仅为公司的股东之一，并非公司的法定代表人或指定的印章保管人，其要求掌管公司的公章缺乏法律依据，也没有公司章程及公司内部有关制度方面的依据……据此，范某上诉主张其有权掌管公司公章，缺乏依据，一审法院判决范某向公司返还上述公章，并无不当。[26]

基于此，当公司内部没有明确的印章保管规定时，法院认为应由公司法定代表人保管印章，即便是公司股东或董事，也无权擅自持有。因此，如果大股东希望获得公章保管权，应在公司内部管理制度或公司章程中予以明确规定，否则即使"实际占有"公章，也属于无权保管，仍应归还。

从"庆渝之争"事件的发展进程来看，现代公司的控制权纠纷始终都避不开对公司的人、钱、物的争夺。究其本质，大股东争夺控制权需要在公司治理结构下尽可能地利用较高的表决权比例优势影响股东会，通过参与公司章程等规则的制定在宏观层面确定公司的经营管理方针，再以控制董事会席位等方式决定决策执行机构、关键高级管理人员的任免，从而体现大股东意志，由上至下地实现对公司的有效控制。

第四节　小股东权益纠纷的典型情形与诉讼策略

在公司发展过程中，股东身份可能会不断切换。比如，在公司初创期，创始股东通常出资最多，且对公司经营有着最终决定权，一般为大股东；但随着公司发展壮大，经历过数轮融资后，创始股东可能变成小股东，进而失去对公司的控制权；本公司的控股股东也可能对外投资新公司，作为财务性投资一般持有股权比例相对较低，此时其身份便从本公司的控股股东变为新投资公司的小股东。因此，了解如何保护小股东权益同样重要。

　　本节所称"小股东"，是指除控股股东外对公司没有控制权的股东。由于小股东在公司议事表决上不具有优势，控股股东"一言堂"的情况屡屡出现，小股东甚至整个公司的利益因此受损的情况更是常见，所以，接下来我们将结合具体法律规定和案例，对小股东权益保护的诉讼策略进行说明。

一、哪些情形下会发生小股东权益纠纷

　　实践中引起小股东权益纠纷的情形中，常见的如下所述。

（一）公司盈利但不分红

　　公司股东依法享有出资分红的权利，《公司法》第三十四条规定："股东按照实缴的出资比例分取红利；公司新增资本时，股东有权优先按照实缴的出资比例认缴出资。但是，全体股东约定不按照出资比例分取红利或者不按照出资比例优先认缴出资的除外。"这意味着，除非全体股东约定不按照出资比例分取红利，否则股东有权按照实缴的出资比例分红。但由于分红的流程、时间并非法定，盈利分配仍属于公司内部自治的事项，因此，在公司章程没有明确规定的情况下，大股东依然有可能以各种理由拖延或拒绝向小股东分享公司盈利，侵犯小股东的合法权益。

（二）控股股东隐瞒公司利润

　　控股股东可能采取多种手段隐瞒公司利润，如利用与第三方公司、第三人的关联交易转移资产，向控股股东指派担任的董事、高级管理人员支付不合理的高额薪酬等，瞒报公司利润。

（三）控股股东向公司借款用于个人消费

《公司法》第一百一十五条规定："公司不得直接或者通过子公司向董事、监事、高级管理人员提供借款。"对未担任这些重要职位或非股份有限公司的控股股东，虽然法律并未禁止公司向其提供借款，但控股股东可能利用表决权上的优势地位，通过公司股东会决议的方式向自己提供借款，以达到实际占用公司财产的效果。

（四）控股股东滥用表决权撤换小股东管理职位

控股股东还可能利用表决权上的优势，撤换小股东所担任的董事、监事、高级管理人员等关键职务，导致小股东难以参与到公司的实际经营管理中。由于信息的不对称性，小股东无法全面地了解公司的经营情况。

此外，小股东还可能面临被大股东阻碍行使知情权、检查权等权益的情况。针对上述侵害小股东权益的情形，我国法律相应地赋予了小股东以自身名义提起诉讼、代表公司提起诉讼等方式维护自身合法权益的权利，对于不同维权策略的使用条件和方式，下文一一说明。

二、维权策略

（一）股权回购之诉

在公司连续五年盈利的情况下，如果公司符合分配利润的条件却连续五年不向股东分配利润，且自股东会会议决议通过之日起六十日内，股东与公司仍不能达成股权收购协议的，股东可以自股东会会议决议通过之日起九十日内向人民法院提起诉讼。因此，小股东可以通过这种途径，以公司为被告[27]要求公司回购自身所持股份，实现股权退出。

（二）公司盈余分配之诉

公司股利分配属于公司股东会决策事项，但在控股股东滥用股东权利的情况下，小股东可以提出公司盈余分配之诉，要求公司强制进行盈余分配，而无须经过股东会或股东大会决议。[28]

某有限责任公司与某有限公司、李某公司盈余分配纠纷案[29]中，最高人民法院认定在该案中，即使请求分配利润的股东李某未提交载明具体分配方案的股东会或股东大会决议，但有证据证明公司有盈余且存在部分股东变相分配利润、隐瞒或转移公司利润等滥用股东权利情形的，诉讼中可强制盈余分配，且不以股权回购、代位诉讼等其他救济措施为前提。

（三）股东权益受损之诉

公司股东除依法享有出资分红、参与重大决策和选择管理者等权利外，还享有知情权，有权查阅、复制公司章程、股东会会议记录、董事会会议决议、监事会会议决议和财务会计报告，对公司的经营提出建议或者质询。

因此，如果小股东已通过书面形式要求查阅公司会计账簿并说明目的，且公司无合理根据认为查阅会计账簿有不正当目的或可能损害公司合法利益，公司应提供查阅，否则小股东可以向人民法院请求要求公司提供查阅。

另外，《公司法》第一百五十二条规定："董事、高级管理人员违反法律、行政法规或者公司章程的规定，损害股东利益的，股东可以向人民法院提起诉讼。"因此，如果小股东因此利益受损，小股东有权以董事、高级管理人员为被告，向法院主张赔偿。

（四）公司解散之诉

《公司法》第一百八十二条规定："公司经营管理发生严重困难，继续存续会使股东利益受到重大损失，通过其他途径不能解决的，持有公司全部股东表决权百分之十以上的股东，可以请求人民法院解散公司。"

即发生"公司僵局"的情况且满足一定条件时，持股10%以上的股东可以请求法院解散公司。所谓"公司僵局"情形，具体指公司出现以下情形，导致无法形成有效的经营决策：

1. 公司持续两年以上无法召开股东会或者股东大会，公司经营管理发生严重困难的；

2. 股东表决时无法达到法定或者公司章程规定的比例，持续两年以上不能做出有效的股东会或者股东大会决议，公司经营管理发生严重困难的；

3. 公司董事长期冲突，且无法通过股东会或者股东大会解决，公司经营管理发生严重困难的；

4. 经营管理发生其他严重困难，公司继续存续会使股东利益受到重大损失的情形。

若公司满足上述情形，小股东可以提起诉讼请求解散公司，还可依据《最高人民法院关于适用〈中华人民共和国公司法〉若干问题的规定（二）》（以下简称《〈公司法〉司法解释（二）》）第三条规定[30]，在提供担保且不影响公司正常经营的情形下，向人民法院申请财产保全，避免公司财产被抽逃，保障权利得以最终实现。

第五节　如何应对核心员工纠纷

数字经济下，知识产权与优质人才是企业的核心资产。知识产权保护的重要性毋庸赘述，就人才而言，企业通常会通过股权激励和竞业限制等方式留住核心员工，但因此引发的纠纷很多，其中，股权激励纠纷最为普遍。我们将以股权激励纠纷为例，介绍应如何应对核心员工纠纷。

一、焦点一：劳动争议还是合同纠纷

实践中常见的员工股权激励纠纷主要包括：

- 股权确认纠纷：常见于期权激励情形下，确认员工是否满足行权条件；
- 股权权益纠纷：主要涉及股权收益的归属争议；
- 股权退出纠纷：主要为股权的回购或转让纠纷。

如第二节所述，作为公司股东，核心员工的身份较为特殊。相较于其他股东，因存在劳动关系，他们与公司的人身隶属性更强；但相较于普通员工，他们又可基于股权激励协议享有股权收益。因此，目前关于员工股权激励纠纷的性质应属劳动争议还是合同纠纷，有较大争议。如构成劳动争议，员工利益将受到更大限度的保护，公司可以主张承担的违约责任及赔偿范围也会大大受限。所以，这个问题的回答，将会影响到员工违约责任的适用依据。对此，我们从腾讯科技（上海）有限公司（下文简称腾讯公司）与徐某的"天价竞业赔偿金案"[31] 中，似乎找到了答案。

徐某于 2009 年 4 月 1 日入职腾讯公司，从事游戏产品研发等工作，后与腾讯公司先后签订了多份主要内容相同的《保密与不竞争承诺协议书》。

协议约定：徐某承诺在职期间以及离职后 2 年内不得自营或参与经营与腾讯公司竞争关系的企业；作为对价，腾讯控股有限公司（为腾讯科技（上海）有限公司的母公司，下文统称为腾讯公司）将向徐某授予股票期权或限制性股票；徐某多次被授予腾讯公司的限制性股票，并据此获得了巨额经济收益。

徐某离职后，腾讯公司发现其作为大股东出资设立了上海某科技有限公司，并一直担任法定代表人，目前该公司在从事网络游戏开发业务。

腾讯公司认为，上海某科技有限公司的经营范围与其高度重合，实际从事的网络游戏开发和运营等经营活动与公司存在直接竞争关系，徐某的行为严重违反了双方签订的《保密与不竞争承诺协议书》中关于竞业限制的约定，应承担违约责任，据此起诉。

本案争议焦点之一，即双方签署的《保密与不竞争承诺协议书》是适用《中华人民共和国劳动合同法》（以下简称《劳动合同法》）还是《中华人民共和国合同法》（以下简称《合同法》，于2021年1月1日废止）。如果适用《劳动合同法》，则协议存在超出正当保护商业秘密的需求、剥夺员工法定就业及择业权的情形，应部分无效。如果适用《合同法》，则协议为双方真实意思表示，不存在合同无效事由。

最终，法院采取了第二种观点。

法院认为，由于双方签订的《保密与不竞争承诺协议书》对限制性股票的授予、收益、违约责任约束等进行了详尽的约定，且该事项并未体现在双方劳动合同中，腾讯公司向徐某授予股权激励系超出劳动关系的安排，徐某应根据协议约定承担违约责任，返还其任职期间行使限制性股票所产生的所有收益，共计1940余万元人民币。

由于员工股权激励并非双方建立劳动关系的必然对价，通常来说不应视为劳动关系的延伸，也不应适用《劳动合同法》规制。但如果股权激励的解锁条件是员工的工作成果需符合公司要求，以及员工不得存在损害公司利益或声誉的行为，考核依据是员工在公司的工作表现和业绩，显著地体现了劳动关系中员工应接受公司管理的典型特征，那么此股权激励性质上将属于用人单位基于劳动者表现而支付的附条件的经济性福利薪酬，由此产生的纠纷属于劳动争议。

因此，创始股东在设计股权激励计划时，应注意避免将员工期权的行权条件或限制性股票的授予条件与员工的工作表现、绩效考核等完全挂钩，降低公司人身管理的隶属性，使股权激励协议属于平等民事主体之间订立的协议，确保协议中约定的违约责任及员工义务约束条款得到更大程度的适用。

二、焦点二：罢免高级管理人员职务＝不符合激励资格？

员工股权激励纠纷中，另一个关键的争议焦点在于，员工是否满足激励条件或其行权条件是否已成就，即员工是否已取得股东身份。

在王某与上海某股份有限公司的股权激励案件[32]中，王某是上海某股份有限公司的总经理，双方就授予王某限制性股票激励事宜进行了约定，共分三期解锁，后王某因存在违纪行为被免除总经理职务，但仍担任董事职务。在此期间，上海某股份有限公司本应按照约定解锁第二期限制性股票，但实际并未依约解锁，反而回购、注销已授予王某的限制性股票，于是引发争议。

王某的总经理职务被免除后，是否已不满足继续解锁限制性股权的条件，是本案争议所在。本案中，双方签订的《授予协议》《激励计划》约定，激励对象职务发生变更、不符合激励计划的激励对象范围，经公司董事会批准，可以取消授予激励对象尚未解锁的限制性股票，由公司按照授予价格进行回购注销；同时，又规定，激励对象职务发生变更，但仍为公司的董事（不含独立董事）、高级管理人员、中层管理人员，核心技术（业务）人员，或者被公司委派到公司的控股子公司任职，原则上已获授的限制性股票不作变更。

虽然上海某股份有限公司免除了王某的总经理职务，且董事会做出回购并注销王某已取得的激励股权的决定，已经由股东大会审议通过，但法院最终认定，该公司股东大会的前述决定系剥夺王某的合法权利，股东大会无权做出。此外，限制性股票的锁定和解锁经董事会或董事会授权的机构确认后，由公司向证券交易所提出行权申请，经证券交易所确认后，由证券登记结算机构办理登记结算事宜，因本案涉及的限制性股票仍登记在原告名下，亦不存在不可操作性，法院最终对王某的主张予以支持。

可见，高级管理人员职务被罢免并不必然导致激励资格丧失，最终仍要回归到双方股权激励协议就激励条件的约定。事后成本往往高于预防成本，越是复杂的激励计划，就越应在前期做好风险防范。而防范的第一步，就是有一份界定清晰、约定明确的书面协议。

三、如何应对股权激励纠纷

股权激励纠纷的发生，往往是由于事前约定不清，尤其是激励计划中对激励对象未来退出问题约定不明，甚至毫无约定。基于司法实践中较易产生分歧的内容，我们为创始股东提出如下建议：

（一）清晰界定激励条件

在设计股权激励计划以及草拟激励协议的过程中，创始股东不仅要考虑授予多少股权，还要考虑授予条件、是否设置锁定期以及怎么解锁，约定越清晰，越能有效避免争议。比如，是以时间作为解锁条件，还是以公司业绩作为解锁条件？如果使用业绩作为解锁条件，如何确定业绩是否完成？出现双方对业绩计算发生分歧时，如何处理？这些都需要提前界定清楚。

（二）明确设置退出条件

不同的退出原因，应适用不同的退出处理方式。比如，激励对象是由于公司原因离职还是由于自身原因离职，两种原因对应的退出机制应该是不同的。员工股权激励纠纷中，激励股权如何退出、创始股东的回购权如何行使也应有明确约定。

第六节　如何应对股权代持纠纷

在股权纠纷中，股权代持纠纷也是一种高频股权纠纷。

股权代持，即实际出资人（以下称"隐名股东"）与名义出资人（以下称"显名股东"）约定，以显名股东的名义记载于股东名册作为工商登记股东，但实际由隐名股东出资并享有投资权益。那么，股权代持的法律效力如何？因代持引发的纠纷应如何处理？司法审判实践对于股权代持又采取何种态度？我们逐一分析。

一、如何认识股权代持

截至 2021 年 11 月 4 日，我们通过公开查询渠道以"股权代持"为关键字进行检索，发现股权代持纠纷的案件数量自 2012 年至 2020 年共 15 649 件（见图 6-2），且呈逐年上升趋势。这从侧面说明，股权代持设计在商业实践中得到越来越多的应用。

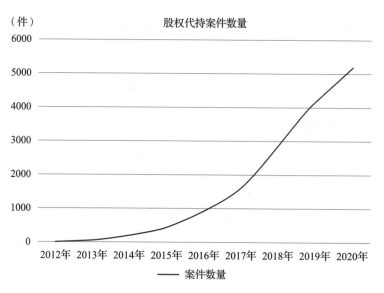

图 6-2　2012 年至 2020 年间股权代持案件数量

　　在讨论如何利用好股权代持这一工具并防范代持纠纷之前，我们首先应对股权代持涉及的几个基本问题进行初步认识。

（一）股权代持协议是否有效

　　《最高人民法院关于适用〈中华人民共和国公司法〉若干问题的规定（三）》（以下简称《〈公司法〉司法解释（三）》）第二十四条第一款规定："有限责任公司的实际出资人与名义出资人订立合同，约定由实际出资人出资并享有投资权益，以名义出资人为名义股东，实际出资人与名义股东对该合同效力发生争议的，如无法律规定的无效情形，人民法院应当认定该合同有效。"

　　即除非存在法律规定的无效情形，如违反法律、行政法规的强制性规定或者违背公序良俗的情况，否则股权代持协议有效。具体而言，如果代持协议涉及危害金融安全、扰乱市场秩序、违背公序良俗的，或者代持协议所涉交易标的、交易方式、交易场所违法的，[33] 将有可能导致代持协议无效。比如代为持有上市公司股权的行为，因违反中国证券监督管理委员会颁布的《首次公开发行股票并上市管理办法》第十三条规定[34] 而无效。为保护广大非特定投资者的合法权益，上市公司发行过程中不允许使用代持股方式隐匿真实股东，且应保证股权设置清晰，如实披露实际控股人，确保不存在引发重大权属纠纷的可能，因此基于上市公司股权签署的代持协议无效。

不过，协议被认定无效并不意味着隐名股东将无法取回股权。《中华人民共和国民法典》（以下简称《民法典》）第一百五十七条规定："民事法律行为无效、被撤销或者确定不发生效力后，行为人因该行为取得的财产，应当予以返还；不能返还或者没有必要返还的，应当折价补偿。有过错的一方应当赔偿对方由此所受到的损失……"可见，隐名股东仍有权根据委托持股的事实，要求显名股东返还其因代持所取得的全部财产并变更股权登记。

（二）隐名股东是否有权行使股东权利

《公司法》赋予了股东知情权、表决权、收益权、优先购买权等权利，可是隐名股东并非工商登记在册的股东，是否享有这些权利存疑。《〈公司法〉司法解释（三）》第二十五条第二款[35] 也只是肯定了隐名股东享有的投资权益，并未完全承认隐名股东的股东地位。

综合司法实务中部分法院的观点（见表6-1），我们认为，按照商事外观主义原则，隐名股东实际无权按照《公司法》规定直接享有上述股东权利，而只能依据代持协议等双方约定内容，要求显名股东履行合同义务，包括委托显名股东代为行使表决权等内容。隐名股东只有经过了"显名化"程序，或者与公司或全体股东协商一致，才有可能直接行使股东权利。

表 6-1　隐名股东行使股东权利的法院裁判规则

权利	案例	审理法院	法院判决	法院观点总结
知情权	彭某与南京某公司股东知情权纠纷二审民事判决[36]	江苏省南京市中级人民法院	在股权代持的情形下，享有股权并不能当然取得股东权利，隐名股东不能直接行使已经让渡于股东的股东权利，除非有明确约定。本案中，南京某公司的股东会决议及股权协议，均曾载明彭某持有股权，且协议各方（含其余两名登记股东）均已签字确认，公司亦在股东会决议上加盖公章，故可以认定南京某公司认可彭某系实际出资人，具有股东资格，可以以自己名义要求行使知情权	与公司或全体股东协商一致的情况下，隐名股东可享有知情权
	陆某某与黔东某服务有限公司、赵某某股东知情权纠纷一审民事判决[37]	贵州省凯里市人民法院	包括原告在内的八个自然人协商仅以四人作为工商登记的股东，由赵某某任法人，并签订了《公司股东合作协议书》，该协议书即明确了原告系公司的股东，并且作为公司的股东所享有的权利就是：参加股东会并根据其出资份额享有表决权，了解公司经营状况和财务状况，有权查阅股东会会议记录、复制公司章程、董事会会议决议、监事会会议决议和财务会计报告。这些内容均是在协议书中明确写明的，故原告即是被告公司的隐名股东，其基于股东身份所主张查阅的公司财务报表、会计账簿等内容亦属于股东知情权的范围	

（续）

权利	案例	审理法院	法院判决	法院观点总结
表决权	曲某、卫某等与某贷款有限责任公司小额借款合同纠纷、公司决议撤销纠纷二审民事判决[38]	山西省运城市中级人民法院	隐名股东并不是公司法意义上的股东，其只有在经公司其他股东半数以上同意，将其变更为显名股东后，才具有股东资格，其未经股东资格确认程序，享有的仅仅是对抗显名股东的合同权利，并无权在股东会行使表决权	隐名股东只有在经公司其他股东半数以上同意变更为显名股东后才具有股东资格并行使表决权
收益权	宋某因诉李某、尹某案外人执行异议之诉纠纷案[39]	辽宁省大连市中级人民法院	本案中，《股权代持协议书》是当事人真实意思表示，且不违反法律、行政法规的强制性规定，合同成立并生效。宋某履行了出资义务，本案涉股份财产性权益的权利人应为宋某。该财产性权益具有物权特色，即使宋某不是公司的登记股东，亦没有依据否认其对案涉股份的财产性权益，应确认其对该股份享有实际出资权益	隐名股东与显名股东因股权财产性权益的归属发生争议时，隐名股东以其实际履行了出资义务为由向显名股东主张权利的，予以支持
优先购买权	巢某、高某与曹某、杨某等股权转让纠纷二审民事判决[40]	黑龙江省高级人民法院	巢某和高某等人属于实际出资人，并非公司法意义上的股东，其不能直接向公司主张股东权利，只能依照公司章程规定或协议约定，通过持股股东或名义股东间接行使股东权利，既而实现其投资权益。实际出资人在没有依法被确认为公司股东前，其对公司股权并不享有优先购买权。故此，巢某、高某无权就案涉公司股权主张优先购买权	隐名股东对公司股权并不享有优先购买权

二、如何应对股权代持纠纷

股权代持纠纷通常围绕隐名股东的股东身份资格认定、显名股东擅自处分代持股权及公司出资实缴义务由谁承担三种类型纠纷产生。因此，我们将主要围绕如何应对上述三种代持纠纷类型展开分析。

（一）隐名股东显名化

如前所述，隐名股东只有经过"显名化"，才可能直接行使包括知情权、优先购买权、表决权等一系列权利。且代持协议的履行过程中，隐名股东也可能因为多种原因（如显名股东违反双方约定）需要将自身身份变更为工商登记在册的股东，如显名股东不予配合的，此时隐名股东可向法院提起股东资格确认诉讼。

那么，在股东资格确认之诉中，应当如何选择被告呢？换言之，隐名股东应该诉显名股东还是诉公司？根据《〈公司法〉司法解释（三）》第二十一条的规定，当事人向人民法院起诉请求确认其股东资格的，应当以公司为被告，与案件争议股权有利害关系的人作为第三人参加诉讼。即隐名股东应当以公司为被告，以显名股东为第三人提起诉讼。

根据北京市高级人民法院在冯某诉北京某乳业有限公司等股东资格确认纠纷案[41]中的观点，如果隐名股东与显名股东之间存在合法有效的股权代持协议，而且隐名股东实际行使了股东权利，公司及公司其他股东对此知悉，亦未提出异议，则应当对隐名股东的股东资格予以确认；反之，如果隐名股东与显名股东之间不存在股权代持协议，则法院会通过在案证据，综合考量隐名股东与显名股东之间是否存在股权代持的合意，继而对隐名股东是否具备股东资格做出认定。

隐名股东的股东资格得到法院确认，并不意味着隐名股东获得了股东资格，还需履行工商变更登记手续，方视为完结。然而隐名股东关于要求办理股权变更登记的诉讼请求，属于请求变更公司登记纠纷，需要另行提起诉讼来解决。

隐名股东显名，本质上是股权转让行为。按照《公司法》第七十一条[42]及《〈公司法〉司法解释（三）》第二十四条[43]规定，隐名股东需要经公司其他股东半数以上同意，才能请求公司变更股东、签发出资证明书、记载于股东名册、记载于公司章程并办理公司登记机关登记。如其他股东自接到股权转让书面通知之日起满三十日未答复的，视为同意转让。司法实践中，法院在审理股权代持纠纷时，可以在所涉公司办公场所张贴通知并以向其他股东邮寄通知的方式，要求其他股东提供书面回复意见。如果公司其他股东过半数表示同意股权转让，应当认定该股权转让符合法律规定，法院可依法判决显名股东在判决生效之日起一定时限内，至工商管理部门将代持股权变更登记至隐名股东的名下。

（二）无权处分之诉

显名股东作为工商登记可查询的持股主体，从形式上具备处分股权的资格，因此，实践中会出现这样的问题：若显名股东擅自通过转让、质押等方式处分所代持的股权，势必会损害隐名股东的利益。在此情况下，隐名股东可以采取何种方式维权？是否可以主张显名股东与第三人签署的股权转让协议无效或要求第三人返还？

根据《〈公司法〉司法解释（三）》第二十五条第一款[44]，如果显名股东将登记于其名下的股权转让、质押或者以其他方式处分，隐名股东以其对于股权享有实际权利为由，请求认定处分股权行为无效的，法院将参照《民法典》第三百一十一条规定[45]的善意取得规则处理。

善意取得规则是为了保护商业交易稳定性而设立的，指如果第三人在受让该股权时不仅是善意的，还是以合理公允的市场价格完成受让，且已完成股权转让工商变更登记，则该第三人称为善意第三人，可依法获得该股权，显名股东无权向该第三人主张权利。

换言之，如果第三人在受让股权前明知所涉股权由显名股东持有，或股权转让价格明显偏低，或尚未完成股权变更登记的，则显名股东仍然有可能通过提起无权处分之诉追回股权。如在深圳某集团有限公司与某集团有限公司的执行异议之诉[46]中，广东省广州市中级人民法院在认定案外人是否构成善意取得股权的第三人时，便从双方转让价格是否合理的角度进行综合考虑，认为某集团公司以明显低价转让该股权，涉嫌损害实际出资人权益，故案外人不属于善意第三人。

不过，如果第三人确属善意第三人，股权已归第三人所有，显名股东的权益该如何得以保护？

根据《〈公司法〉司法解释（三）》第二十五条第二款，显名股东处分股权造成实际出资人损失，实际出资人有权请求显名股东承担赔偿责任。如第三人为善意第三人，隐名股东虽无权追回股权，但仍可主张显名股东对其无权处分行为承担损失赔偿责任，如要求返还由此获得的全部股权转让款收益等。

（三）实缴出资追偿之诉

实务中，我们可能是隐名股东，也可能是显名股东。

作为显名股东，权益最可能遭受损害的情况，在于公司出资实缴义务的承担主体问题。股权代持关系下，实际出资人虽为隐名股东，但登记在工商股东名册中的却是显名股东。如债权人根据《〈公司法〉司法解释

（三）》第十三条规定[47]，要求未履行或者未全面履行出资义务的股东在未出资本息范围内，对公司债务不能清偿的部分承担补充赔偿责任的，显名股东是否有权以其并非实际出资人为由拒绝清偿，最易引发争议。

显名股东是经工商登记对外公示的股东，理论上应受《公司法》约束，为履行股东出资义务的责任主体，这一态度在《〈公司法〉司法解释（三）》第二十六条得到印证："公司债权人以登记于公司登记机关的股东未履行出资义务为由，请求其对公司债务不能清偿的部分在未出资本息范围内承担补充赔偿责任，股东以其仅为名义股东而非实际出资人为由进行抗辩的，人民法院不予支持。"因此，显名股东仍然需要先行履行实缴出资义务。

不过，法律在保护债权人利益的同时，也赋予了显名股东承担赔偿责任后向实际出资人追偿的权利，为显名股东维护自身权益提供了维权路径。只不过，从提供路径到权益最终得到维护，还有司法程序和时间成本的问题。由此可见，无论隐名股东还是显名股东，在代持法律关系下，都有一定的法律风险。这是选择委托持股之前双方都需要充分考虑的问题。

第七节　对赌条款的效力

在本书第四章，我们已就对赌条款进行了简要介绍，并且提到对赌能够为企业带来实现弯道超车的机会。不过，关于对赌条款的效力问题，学界及司法界曾经爆发过极大的争议，我们将在本节对此进行重点介绍。

一、什么是"对赌条款"

对赌条款，是指投资方与融资方在达成股权投融资合作时，为解决交易双方对目标公司未来发展的不确定性、信息不对称以及代理成本等问题而设计的法律条款。对赌条款包含了股权回购、金钱补偿等对未来目标公司估值进行调整的条款内容，通常以融资方在未来一定期限内的业绩目标为条件，当约定条件未能成就时，投资方将有权行使某种权利对目标公司估值进行调整，最终对其投资权益进行补偿。

为了便于理解，我们摘取了一例对赌条款如下：

"目标公司和原股东承诺公司 2021 年度经审计的净利润不低于 1000 万元。如果低于此业绩承诺，则视为目标公司未完成经营指标，各方同意以 2021 年度经审计的实际净利润为基础，按照约定市盈率重新调整本次交易的投资估值，调整后，投资者有权选择：

（1）标的公司所有股东所持有的股权比例保持不变，公司以现金方式一次性退还相应多付的投资款；

（2）按照重新调整后估值重新计算原投资款应持有的公司股权比例，增加部分由创始股东无偿转让。"

上述对赌协议 / 条款中，"目标公司 2021 年度净利润 1000 万元"即为融资方履行接受股权投资款的对应义务。如融资方未能满足这一条件，则投资方有权要求目标公司进行现金补偿或重新调整投资方股权权重比例。

二、对赌协议 / 条款是否有效

对赌，虽然作为股权投资领域的一种常见模式，但实际并未在现行的法律中出现，非法律术语。因此其效力问题无法直接从现行法律中寻得答案。

《民法典》第一百五十五条则规定，无效的或者被撤销的民事法律行为自始没有法律约束力。因此，对赌条款是否具有法律效力，或者哪种对赌才有效力十分关键。如对赌协议无效的，则意味着所涉条款内容自始至终不发生法律效力，这无论对投资方还是融资方都会产生巨大的影响。

（一）"对赌"的形式

分析对赌的效力，首先需要分析对赌的三种形式。从对赌的履行主体来看，对赌有三种形式，分别是：

（1）投资方与目标公司的股东和/或实际控制人对赌；

（2）投资方与目标公司对赌；

（3）投资方与目标公司、目标公司的股东和/或实际控制人共同对赌。

之所以要从履行主体切入，是因为不同的履行主体，会导致对赌条款的效力认定有所不同。

（二）从"海富案"看此前确立的对赌效力认定原则

《最高人民法院公报》2014年第8期刊载了"苏州工业园区海富投资有限公司与甘肃世恒有色资源再利用有限公司、香港迪亚有限公司、陆波增资纠纷案"的裁判摘要，这一案件被业界简称"海富案"，是谈及对赌条款效力时绕不开的一个司法裁判。

"海富案"中的投融双方约定，如目标公司年实际净利润未达标，投资方有权要求目标公司及其股东以一定计算方式计算的金额补偿投资方，也就是前文提到的第三种对赌形式。最高人民法院认为，投资方与目标公司间的约定使得投资方的投资可以取得相对固定的收益，该收益脱离了目标公司的经营业绩，损害了公司利益和公司债权人利益，应属无效；而目标公司股东对投资方的补偿承诺不违反法律法规的禁止性规定，是当事人的真实意思表示，应属有效。

总而言之，该案的裁判核心是投资方与股东之间的对赌协议合法有效，而投资方与目标公司之间的对赌协议因损害公司及债权人利益而无效。

此后，虽然最高人民法院、各地方人民法院及仲裁机构就私募领域的对赌协议效力问题先后做出了不少判例，但在投融资实务领域，最具代表性的一直是"海富案"，直到《九民纪要》出台。

（三）从《九民纪要》看对赌协议效力的进阶审判指引

《九民纪要》是最高人民法院发布的文件，性质上虽不属于司法解释，不能作为法院裁判依据直接援引，但因其可作为各级法院审判说理时的适用理由，对后续同类判决产生了深远影响，所以，其内容有很强的实务指引价值。

《九民纪要》再次强调，如无其他无效事由，投资方与目标公司的股东或者实际控制人的对赌，应认定有效并支持实际履行，这与"海富案"观点是一致的。而针对"海富案"中明确否认的"投资方与目标公司"对赌的效力以及实际履行问题，最高人民法院进一步提出了三点处理规则：

1. "对赌协议/条款"原则上有效，但能否实际履行需要分情况讨论。

《九民纪要》指出，投资方与目标公司订立的对赌协议，在不存在法定无效事由的情况下，目标公司仅以存在股权回购或者金钱补偿约定为由，主张对赌协议无效的，人民法院不予支持。但投资方主张实际履行的，人民法院应当审查是否符合公司法关于"股东不得抽逃出资"及股份回购的强制性规定，判决是否支持其诉讼请求。

由此可见，对赌是否有效与能否实际履行，是两个层面的事情。根据《民法典》第一百五十五条的规定，只有有效的合同才有实际履行的问题；如果对赌协议无效，则应当适用合同无效的处理规则，自始至终不发生任何效力，而非进一步探讨是否支持投资方有关实际履行的要求。这意味着，对赌协议即使有效，也并非当然能够实际履行。而对于效力问题，合同无效的判定应严格遵循法定主义。

所以，《九民纪要》的处理规则逻辑很清晰，此前"海富案"的裁判摘要所形成的对赌效力处理思路，实质上已被摒弃。

2. 以"公司回购股权"作为对赌筹码，在实际履行时应以完成公司减资程序为前提。

投资方请求目标公司回购股权的，人民法院应当依据《公司法》第三十五条"股东不得抽逃出资"或者第一百四十二条关于股份回购的强制性规定[48]进行审查。经审查，目标公司未完成减资程序的，人民法院应当驳回其诉讼请求。

具体而言，目标公司回购投资方股权的，须避免被认定为股东抽逃出资，包括但不限于不得出现制作虚假财务会计报表虚增利润进行分配、通过虚构债权债务关系将其出资转出、利用关联交易将出资转出、未经法定程序即将出资抽回等行为。

此外，投资方作为公司的股东，在对赌导致减资时，需要履行必要的内部审批程序。《九民纪要》的上述要求意味着，目标公司履行股权回购的对赌义务，应当通过并且只能通过定向减资的方式进行。这实际上是从反向角度把"目标公司完成减资程序"作为目标公司履行股权回购义务的前提条件。

3. 以"现金补偿"作为对赌"筹码"，在实际履行时应以目标公司存在可分配利润为前提。

投资方请求目标公司承担金钱补偿义务的，人民法院应当依据《公司法》第三十五条关于"股东不得抽逃出资"和第一百六十六条关于利润分配的强制性规定[49]进行审查。经审查，目标公司没有利润或者虽有利润但不足以补偿投资方的，人民法院应当驳回或者部分支持其诉讼请求。今后目标公司有利润时，投资方还可以依据该事实另行提起诉讼。

综上，我们要注意的是，公司承担金钱补偿义务的前提之一是公司有足够的利润。为防止目标公司为了规避金钱补偿义务而故意将利润做低，或者通过关联交易等方式导致公司亏损，实务中投资方一般会增加风险控制措施。具体而言，就是我们在第四章中提及的控制性条款内容，比如增加检查权的查阅范围，扩大一票否决权的事项范围等。

从"海富案"到《九民纪要》，司法机关对于对赌协议效力问题的态度发生了变化。其中虽有对赌实务和理论发展的因素，但更体现了司法领域在鼓励投资和保护债权人合法权益之间的兼顾。根据最高人民法院民二庭出版的《〈九民纪要〉理解与适用》一书中的解释，"海富案"偏于慎重的观点虽然符合当时对赌案件整体数量不多的背景情况，但随着案例数量的增多和研究的深入，直接认定投资方与目标公司间的对赌协议无效这一观点缺乏法律依据，确应得到合理的调整。

三、对赌协议 / 条款如何履行

如前所述，《九民纪要》在认定"对赌效力"时，将"对赌是否有效"与"能否实际履行"进行区别，从不同层面进行了认定。《九民纪要》提到以"公司回购股权"作为对赌筹码的，在实际履行时应以完成公司减资程序为前提；以"现金补偿"作为对赌筹码的，在实际履行时应以目标公司存在可分配利润为前提。

（一）减资程序

减资程序具体需要经过哪些阶段呢？

根据《公司法》第一百七十七条[50]，公司需要减少注册资本时，必须编制资产负债表及财产清单。为保护债权人利益，公司还应当自做出减少注册资本决议之日起十日内通知债权人，并于三十日内在报纸上公告。

不过，由于减资属于公司自治事项，投资方很难以要求目标公司履行减资程序为由起诉。因此，为避免因减资障碍导致对赌协议的履行陷入僵局，投资方可以在对赌协议签订之初，就对目标公司履行减资程序的问题进行约定，以避免对赌协议履行不能的潜在风险。

（二）存在可分配利润

利润达到什么程度，方能被视为存在"可分配利润"？

根据《公司法》，公司在分配当年税后利润时，首先应当利用当年利润弥补以前年度的亏损，弥补完毕后，若法定公积金累计额尚未达到公司注册资本的百分之五十以上的，还应再提取利润的百分之十列入公司法定公积金。当且仅当公司弥补亏损并提取法定公积金后，方可向股东分配利润。

换言之，可分配利润应当是经过弥补亏损并提取法定公积金后的剩余利润，否则投资人股东必须将违反规定分配的利润退还公司。

（三）股权补偿

除股权回购、现金补偿外，股权补偿也是对赌工具之一。股权补偿指的是目标公司未达到对赌协议约定条件时，投资方有权要求增加其在目标公司的持股比例。实务中，股权补偿具体可以表现为创始股东需无偿或以较低价格向投资方转让一定比例的股权。由于这种模式不涉及公司回购股权或进行现金补偿，因此现行法律并未禁止。

不过，交易双方仍应注意就此次股权转让事宜做细化约定，如该部分股权是否可以享有优先认购权、表决权如何行使等，避免因此动摇创始股东的控制权地位。

■■ ■ ■ ■ ■■ ■

第七章　|CHAPTER 7|

实务指引：互联网公司的股权实操指南

作为企业经营者，对外要为公司发展寻找融资机会，与投资人进行"博弈"，避免公司控制权落入旁人之手；对内要对经营管理做到张弛有度，留住对公司具有盈利能力或潜在价值的员工，保障企业的可持续发展。到底怎么做才能游刃有余？本章我们将以数字经济时代发展迅猛的互联网行业为例，阐述股权设计的实务案例和操作指引，供企业经营者借鉴。

通过股权激励绑定人才是所有公司的共同追求，但各个企业的落地操作各有不同。如何通过股权激励实现"让员工像老板一样工作"不是一门生意经，而是一门管理艺术，有赖企业经营者不断实践、不断参悟。

第一节　游戏公司热衷的股权激励如何落地

易观分析发布的《中国游戏行业人才供需专题分析 2021》指出，游戏行业与其他行业不同，属于轻资产行业，优秀人才对游戏公司的运营效益的影响很大。近年来游戏行业优胜劣汰的持续深入，一定程度上加剧了各游戏企业对优秀人才的争夺。另外，游戏公司的业绩更多依赖于游戏产品的质量、玩法、创新水平和文化价值，而非公司的流量资源，这也对公司的人才体系提出了更高的要求，需要员工能够在胜任岗位的同时具备差异化能力或创新能力。因此，人才在游戏市场竞争力中的重要性不断提升。

但与这一需求不符的是，国内尚未普遍开设网络游戏设计与制作的相关学科，创意型人才输出不足。如中国音数协游戏工委与伽马数据（CNG）共同发布的《2018年中国游戏产业报告（摘要版）》[51]显示，在2018年时，我国的游戏产业从业者已经约为145万人，但当时的产业人才需求仍有约44万的缺口。因此，即便游戏行业对人才的需求缺口不断扩张，真正的创新型人才依旧十分有限，从而导致互联网游戏公司对人才的激烈抢夺不但体现在招聘环节，还在人才储备环节。各个公司都希望通过股权激励的方式留住人才，促进游戏企业的持久发展，这是我们看到网络游戏公司大都热衷股权激励的原因。

基于此，我们通过查询上市公司进行股权激励时的相关公告，了解其激励方案所针对的激励对象、激励份额、操作模式等关键信息，为各游戏企业的股权激励提供参考。

一、上市游戏公司股权激励的资金来源

如果按员工持股计划的资金来源划分，已上市的游戏公司中主要分为"零价格转让"和"部分自筹＋部分零价格转让"两种。

(一)"零价格转让"型

以三七互娱（SZ002555）为代表，根据其上市主体芜湖三七互娱网络科技集团股份有限公司于 2019 年 6 月披露的《第三期员工持股计划（草案）》[52] 显示，三七互娱本次员工持股计划的资金来源为通过零价格受让本公司已回购的社会公众股，参与持股计划的员工无须实际出资。

(二)"部分自筹 + 部分零价格转让"型

另一家游戏公司游族网络（SZ002174）在 2018 年 6 月发布的《第一期员工持股计划（草案）》[53] 则表明："将通过二级市场购买、公司回购股份以零价格转让员工持股计划等方式取得公司股份并持有。其中，员工自筹资金不超过人民币 3000 万元，通过持股计划在二级市场购买的方式取得公司股票，公司以不低于 30 000 万元的自有资金用于回购股份，并将该等回购股份以零价格转让员工持股计划。"

二、上市游戏公司的股权激励对象

(一)"我的股权该授予谁"

从上市公司披露的员工持股计划方案中，我们可以了解到已上市的游戏公司在确定股权激励对象时看重的是什么。比如三七互娱第三期员工持股计划在确定激励对象时列出了几个"硬指标"（见图 7-1）：一是与激励对象存在劳动关系；二是对公司有认同感；三是有业绩要求。

而游族网络的第一期员工持股计划草案则对这一问题进行更加简明扼要的回答——应为经董事会认定对公司发展有贡献的核心骨干。

三、员工持股计划的参与对象、确定标准

（一）参与对象确定的法律依据

公司根据《公司法》《证券法》《指导意见》等有关法律、法规、规范性文件和《公司章程》的相关规定，并结合实际情况，确定了本员工持股计划的参加对象。参加对象均需在公司或公司的全资或控股子公司任职，领取报酬并签订劳动合同。

（二）参加对象的确定标准

本次员工持股计划的参加对象，为认同公司企业文化，符合岗位要求的能力标准，有创新精神和执行力，在本岗位业绩突出，为公司发展做出重大贡献，经

第 7 页 共 19 页

芜湖三七互娱网络科技集团股份有限公司第三期员工持股计划（草案）

董事会认同的公司或下属公司任职的以下人员：

1. 公司管理层（董事、监事以及高级管理人员）；

2. 总监、副总监；

3. 公司核心管理人员及核心技术人员（中层干部）；

4. 公司除上述人员外，经申请公司批准的员工。

以上符合条件的员工遵循依法合规、自愿参与、风险自担的原则参加本员工持股计划。

图 7-1　三七互娱《第三期员工持股计划（草案）》激励对象

我们在处理其他游戏公司的股权激励项目时，多次被问到这样一个问题——"这个人还不是我们公司的员工，我现在给他一点股权（期权）拉拢他可不可以？"这个问题本质上就是我们在第三章中提到的：股权究竟

是给"人"还是给"位置"？

按照上市游戏公司的选择，显然是给在某个特定"位置"上的人更重要。如果一个公司外的人在没有为公司经营做出任何突出贡献的情况下被授予公司股权，将会扭曲股权的真正价值，也会让其他员工心有不平。

需要重申的是，股权激励的本意在于长期绑定有价值的员工，共同为公司持续创造价值。虽然公司股权未来的价值是个未知数，但如果在授予阶段就让员工觉得十分容易，甚至有"拼运气可得"的想法，那么这样授予的股权很难发挥激励作用，失去了股权激励原本的价值。

（二）"激励员工离开公司，已授予的股权如何处理"

激励对象的退出问题，实践中是如何处理的呢？我们从上市游戏公司的公告中可以看到，在已经明确"股权是授予特定位置的员工"这一原则后，对于员工与公司不再有劳动关系的情形，上市游戏公司会制订清晰的退出或变更计划。

比如，三七互娱在《第三期员工持股计划（草案）》中对员工解除劳动关系的不同情形进行了界定，并对由此导致的权益分配问题进行了区分。员工辞职或擅自离职、劳动合同到期后拒绝续签、劳动合同到期后被公司拒绝续签、违反法律法规或公司规章制度导致劳动关系解除的情形，视为该员工的参与资格被取消，而针对不可抗力原因导致的情况则仍保留该员工的参与资格，相关权益仍维持不变。

由此可见，上市游戏公司在处理激励对象退出问题时，同样需要充分考虑退出机制应如何设计，针对不同的退出原因给予不同处理方案，如取消或调整份额等。

（三）"员工拿了股权（期权）就不干了，怎么办"

这也是我们在处理股权激励时经常被问到的问题。尚未上市的公司通常采用"分期授予＋分期成熟"的方式，最大限度地将激励对象留在公司。同样，上市游戏公司也有对应的"分期过户＋业绩考核"安排。

从三七互娱发布的《第三期员工持股计划管理细则》[54] 来看，三七互娱采取了"分批过户"的操作方式，并对员工持股计划的存续期起算时点予以了说明。

"存续期"与常见的"锁定期"有什么关系呢？

所谓"存续期"，指的是员工持股计划的有效时间，比如一项员工持股计划的存续期是36个月，那么在36个月以后，员工持股计划自行终止，有关持股计划的相关细则条款都不再产生效力。在存续期内，员工获取、出售股票需要遵守持股计划细则规范。而"锁定期"，也就是我们常说的"禁售期"，是指公司员工取得限制性股票后不得通过二级市场或其他方式进行转让的期限，简单来说，就是持股员工在一定期限内不能将所持的股票转让出去的特定时期。通常股权激励方案的存续期大于激励股权的锁定期。

从三七互娱的《第三期员工持股计划管理细则》来看，参与激励的员工不是一次性获得股票，而是分批获得，员工为了确保获得全部股票，必须遵守该管理细则的规定。比如，至少在最后一笔股票过户完成之前要谨慎考虑是否主动与公司解除劳动合同，否则依照上文第（二）点提到的，因劳动关系发生变化将有可能影响员工对授予股票的取得。

同时，参与激励的员工也不能在获得股票后第一时间出售变现，还要遵循"业绩考核"的有关规定，如果公司要求的业绩无法实现，那么对应股票将由公司收回并且员工无法获得分红。

对于大部分还未上市的游戏公司，除了可以借鉴上市公司的做法之外，还可以结合我们在本书第三章中介绍的股权激励要点，综合评估公司的实际情况制订合适的方案，必要时也可以借助专业服务机构对股权激励方案进行咨询和定制。

三、上市游戏公司"员工持股计划"的管理

对于体量较大的互联网公司，参加员工持股计划的人员规模可能覆盖数百人。从公司治理的角度来说，将所有持股员工都登记为公司股东是不可能的，此时就会产生由"谁"管理员工持股计划的问题。

目前，设立持股平台或管理委员会对员工持股计划进行日常管理是游戏上市企业的普遍选择。企业内部员工认购本公司部分股权后，通过持有人会议选举产生员工持股计划管理委员会，由管理委员会对因激励获得的股权进行统一管理。

如果用《公司法》中的概念来理解，"持有人会议"相当于员工持股计划中的"股东会"，其成员是参与员工持股计划的全体员工，也是在员工持股计划中的"最高权力机关"；而"管理委员会"则是员工持股计划中的"董事会"，其管理委员会的成员是通过持有人会议选举产生的，日常代表全体持有人执行员工持股事务，并对员工持股计划的收益分配进行管理，同时代表持有人在公司层面行使股东权利。其中的关系我们总结如图7-2所示。

员工持股计划管理委员会行使包括召集持有人会议、代表全体持股员工行使股东权利、代表员工持股计划对外签署相关合同、管理持股员工的利益分配等在内的管理委员会职权。

图 7-2　"持有人会议"与"员工持股计划管理委员会"

比如三七互娱便在其《第三期员工持股计划（草案）》中说明当期员工持股计划由员工持股计划选举产生管理委员会负责日常管理，并详细列举了管理委员会的职权范围（见图 7-3）。而在游族网络的《第一期员工持股计划管理办法》中也有类似的规定。

4. 管理委员会行使以下职责：

　（1）负责召集持有人会议；

　（2）代表全体持有人负责员工持股计划的日常管理；

　（3）代表全体持有人行使股东权利；

　（4）代表员工持股计划对外签署相关协议、合同；

　（5）管理员工持股计划利益分配；

　（6）决策员工持股计划被强制转让份额的归属；

　（7）办理员工持股计划份额继承登记；

　（8）持有人会议授权的其他职责。

图 7-3　三七互娱管理委员会职权范围

根据股权激励的普遍经验，国内上市游戏公司在确定股权激励的目的、对象、规模、资金来源和被激励员工退出问题方面，与我们在前文中提到的基本思路和建议是契合的，我们介绍的股权激励方案和处理建议与大部分游戏公司的通用做法一脉相承，这并非偶然，市场主体的选择和复制是对这些经验最好的验证。

第二节　"千播大战"后的直播行业股权挑战

从 2016 年的"千播大战"，到各平台头部主播的天价转会新闻，再到新冠肺炎疫情期间深入人心的"直播带货"，近年来直播行业一直高速发展，并且凭借其天然的互联网属性始终保持全民关注的热度。

虽然我们无法准确预测直播行业的未来走向，但通过深入观察，我们会发现，行业的头部特征已经越来越明显。头部的直播平台如非"大厂"亲自操刀，也会有"大厂"在背后加持：网络游戏直播领域，斗鱼、虎牙二分天下，均被纳入腾讯阵营；电商直播领域，淘宝、抖音、快手占据了大部分市场份额；娱乐直播领域，酷狗被纳入腾讯，百度收购 YY 直播，腾讯系的微信视频号也依托微信的巨大流量异军突起。

它们有的走上了上市之路，有的被"大厂"投资收购，这过程中发生的很多故事，都可以在本书第二章所介绍的公司股权架构设计中找到缘由。本节我们选取典型案例，从互联网直播公司股权架构设计的角度进行分析并提供建议。

一、虎牙与斗鱼：互联网并购禁止第一案

2020 年 10 月，国内两大头部游戏直播平台虎牙与斗鱼传出合并消

息。根据协议，腾讯将以总价 5 亿美元将企鹅电竞游戏直播业务转让给斗鱼，斗鱼与企鹅电竞合并后的整体再与虎牙合并。合并完成后，斗鱼将成为虎牙私有全资子公司，并将从纳斯达克退市。

这一设想，在国家市场监督管理总局发布《关于平台经济领域的反垄断指南（征求意见稿）》后被紧急踩下刹车，更在历经半年多的审查后被彻底打破。

国家市场监督管理总局经审查认定，腾讯在上游中国境内网络游戏运营服务市场份额超过 40%，排名第一；在中国境内游戏直播市场，从营业额看，虎牙和斗鱼在下游游戏直播市场份额分别超过 40% 和 30%，排名第一、第二，合计超过 70%。目前，腾讯已具有对虎牙的单独控制权和对斗鱼的共同控制权，若两者合并，将进一步强化腾讯在游戏直播市场的支配地位，同时使腾讯有能力和动机在上下游市场实施闭环管理和双向纵向封锁，不利于市场公平竞争，可能损害消费者利益，据此决定依法禁止合并。

这次由腾讯推动的虎牙和斗鱼战略合并案，也因此被称为"互联网并购禁止第一案"。

如国家市场监督管理总局所述，腾讯分别对虎牙、斗鱼享有单独和共同控制权。不过重温虎牙与斗鱼的股权架构变化，我们发现，腾讯其实一开始并没有控制权。那么，腾讯是如何一步步取得虎牙以及斗鱼的控制权的呢？

早年，虎牙与斗鱼先后于美国上市。

斗鱼在上市前就已获得腾讯多轮投资，与腾讯实现深度战略绑定。上市后，斗鱼向美国证监会（SEC）提交的 Form 20-F 文件显示，截至 2020 年 3 月 31 日，腾讯通过其全资子公司持有斗鱼 38% 的股份。

而美国证监会官网披露的虎牙招股书显示，虎牙上市时腾讯持股34.6%，占投票权的39.8%；虎牙母公司YY持股48.3%，占投票权的55.5%；当时腾讯并非虎牙的第一大股东，对虎牙也不享有控制权。

但虎牙上市前与腾讯达成协议，约定腾讯有权在2020年3月8日至2021年3月8日期间，以公平市场价格购买虎牙更多股份，使其投票权达到50.1%。此外，虎牙还进行了AB股设计。如果腾讯行使其在协议中约定的增持股份的权利，YY可以选择将其股份出售给腾讯。如果YY不出售或仅出售腾讯打算购买的部分股份，虎牙将向腾讯发行新的B类普通股。在此基础上，腾讯后期通过行使购股权及股权转让等方式不断扩大对虎牙的持股及投票权，截至2021年6月，虎牙国内主体已经成了腾讯关联公司林芝腾讯科技有限公司100%控股的全资子公司。

通过前期的协议约定及AB股设计，腾讯在上市节点已经实际控制了虎牙的决策权。这本是一桩美事，但控制亦有度，强化控制权前需要综合双方主体情况、立法规定、监管动向等各方面因素进行分析，把公司面临的监管风险纳入考虑。

二、熊猫直播：创始人王思聪缘何被推上风口浪尖

2016年"千播大战"中的胜利者，除了虎牙和斗鱼外，还有王思聪一手创办的熊猫直播。

然而，斗鱼、虎牙相继上市后，熊猫直播却于2019年3月30日宣布正式关站。不仅如此，上海市第三中级人民法院还裁定受理熊猫直播运营主体上海熊猫互娱文化有限公司（以下统称熊猫直播）破产清算。直播行业本就弱肉强食，熊猫直播破产的原因我们不去深入探究，但熊猫直播的

创始人王思聪为何官司缠身以至于被置于风口浪尖，其中涉及的股权问题值得深思。

经公开渠道查询，熊猫直播与投资方天津中冀融智企业管理合伙企业（以下简称中冀公司）存在一起纠纷[55]。熊猫直播被裁定破产后，破产管理人发现，熊猫直播在 2017 年与中冀公司、珺娱（湖州）文化发展中心（王思聪的个人独资企业，以下简称珺娱公司）以及案外人上海沃伊投资中心（有限合伙）、王思聪等分别签订了增资协议，就增资事项进行约定。而中冀公司 2017 年支付了第一期投资价款后，并未按期支付第二期增资款，并于 2019 年 4 月 25 日向中国国际经济贸易仲裁委员会提起仲裁，要求珺娱公司与王思聪回购股权，该仲裁委员会于 2019 年 12 月 3 日做出裁决，认定珺娱公司与王思聪应予回购。

王思聪因熊猫直播而卷入的回购纠纷，不止这一件。

除被投资方要求履行回购义务外，据公开媒体报道，熊猫直播当时为获得上海景岭投资中心（有限合伙）的投资，曾签署协议，约定由王思聪本人作为股权回购义务主体，承担回购义务。因最终触发回购条款，王思聪被申请采取财产保全措施。

熊猫直播破产清算所引发的一连串围绕王思聪被列为失信被执行人、限制高消费的热议，在北京普思投资有限公司的回应中告一段落。

2019 年 12 月 26 日，北京普思投资有限公司发布公告，称因王思聪为熊猫直播的投资者提供了连带担保，导致熊猫直播债务牵涉到个人，现已与数十位投资人全部达成协议，所有投资人都得到了赔偿。熊猫直播近 20 亿元巨额投资损失，全部由普思投资及熊猫直播实控人王思聪自行承担。

总而言之，王思聪之所以被推上风口浪尖，主要原因是他为熊猫直播的股权回购、业绩等对赌要求提供了个人连带担保（或承诺以个人名义履行义务），一旦触发回购义务，便会产生一系列回购条款履行的问题，甚至背负巨额赔偿。

因此，创始股东对投资协议的条款必须审慎阅读、逐一分析。投资者所要求的每个特殊权利都不可忽视。

第三节　VIE 股权架构给电商企业上市的启示

无论是在 A 股、港股还是美股上市的互联网公司，在上市的节点，创始股东都会通过各类股权架构设计有意识地加强对公司的控制权。在美股上市的公司还会面临 VIE 架构搭建的问题，京东、阿里巴巴为代表的国内电商巨头都采取了这样的股权结构。本文以京东为例，简要讨论什么是 VIE 架构、为何电商企业要搭建 VIE 架构，以及这一架构实操过程中可以实现的目的。

一、什么是 VIE 架构

VIE 架构（Variable Interest Entities，可变利益实体），又被称为"协议控制"，即不通过股权控制实际运营公司，而通过签订一系列协议的方式，实现对实际运营公司的控制及财务上的合并。实务中，通常做法为在英属维尔京群岛（英文缩写 BVI）或者开曼群岛设置离岸公司，由该离岸公司与境内实体公司签订相关协议，将境内实体公司绝大部分利益转移到离岸公司，并通过协议控制境内实体公司的所有权。我国第一个使用 VIE 架构赴美上市的公司是新浪。

1999 年，新浪开始筹划赴美上市，但信息产业部（现工业和信息化部）认定网络内容服务（ICP）是电信增值服务，不允许外资进入。为了突破这一限制，新浪开创了新的做法，即把与互联网内容相关的业务从母公司剥离，成立两家新内资公司，母公司上市后通过协议控制境内运营实体。

现阶段，我国的外商投资准入限制虽然有所放开，但根据国家发展和改革委员会、商务部发布的《外商投资准入特别管理措施（负面清单）（2020 年版）》，互联网新闻信息服务、网络出版服务、网络视听节目服务、互联网文化经营（音乐除外）等大部分互联网行业仍属于禁止外商投资的领域。[56] 此外，注册地在中国的公司赴美上市也存在障碍，如纽约证券交易所接受的注册地不包括中国，这使得想在美股上市的互联网企业必须搭建 VIE 架构，以符合国内外监管的相关要求。

尤其对国内的电商平台而言，一方面，电商平台涉及牌照较多，平台提供增值电信服务、分销图书和音像产品以及提供在线支付服务均有严格的许可要求；另一方面，A 股上市发行审核周期较长，对企业财务指标要求较高。因此，为了在激烈的竞争下赢得市场，京东、阿里巴巴、拼多多等电商企业最终都选择了先登陆美股。

图 7-4 是一个典型的 VIE 架构股权模型。创始人股东持有境外英属维尔京群岛注册的公司（以下及图中均称为 BVI 公司）股份，境外 BVI 公司通过开曼公司和香港公司以股权控制的方式控股境内的外商独资企业，外商独资企业再通过协议控制境内运营实体。从股权架构上看，境外公司与境内运营实体并没有股权上的联系，由境内运营实体作为互联网业务牌照的持有主体，从而实现了监管层面的合规。

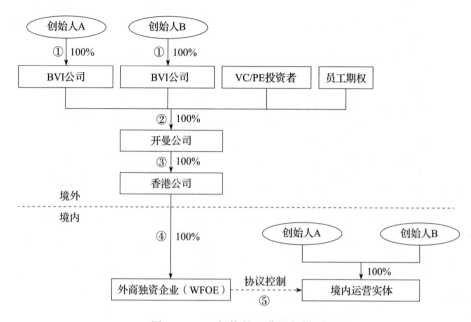

图 7-4　VIE 架构的经典股权模型

二、VIE 架构下的企业控制权保护——以京东为例

VIE 架构的本质是使境内实际经营业务的主体与境外上市的主体在股权结构上进行隔离，但失去了股权结构的控制，只用协议进行控制，存在最后协议变成一纸空文的法律风险。那么，创始股东如何将上市主体和经营实体都落实？关键在于是否能提前对控制权做好规划，京东为我们做了很好的创新性尝试。

（一）双重股权结构

双重股权结构实质上是一种关于表决权的权力游戏，在保障创始股东控制权上非常有效。

作为美股上市公司，京东将普通股分为 A 类普通股和 B 类普通股。除投票权和转换权外，A 类普通股和 B 类普通股的持有人享有相同的权利。对于需要股东投票的事项，每股 A 类普通股享有 1 票表决权，每股 B 类普通股享有 20 票表决权。通过 AB 股设计，刘强东在京东上市时凭借所持有的 B 类普通股股票实际拥有京东 83.5% 的总投票权，从而实现了对京东上市主体的有效控制。

（二）信托隔离

根据最高人民法院《最高人民法院关于适用〈中华人民共和国民法典〉婚姻家庭编的解释（一）》第二十六条规定："夫妻一方个人财产在婚后产生的收益，除孳息和自然增值外，应认定为夫妻共同财产。"婚姻关系引发的股权纠纷对企业发展的影响是不能忽视的，土豆网创始人王微与前妻杨蕾离婚后产生了财产纠纷（主要争议是股权），导致了严重的后果：在土豆网冲击纳斯达克的前夕，杨蕾向法院提出冻结王微名下38%的股份。后来，等风波平息后土豆网重启 IPO 上市，但此时，"中国视频网站第一股"的头衔已经被优酷抢先夺得，土豆网后来也被优酷收购。

夫妻股东给企业带来很多不确定性，感情危机导致股权争夺、公私不分导致财产混同、约定不明导致持股不清，这些都会影响到上市企业的运行。而这一问题在实践中也有解决方法，信托隔离就是其中之一，我们仍以京东为例进行介绍。

京东 2014 年美国上市时的招股说明书披露，上市时刘强东通过信托拥有的英属维尔京群岛公司 Max Smart Limited 直接持有 369 564 379 股 B 类普通股。

持有 Max Smart Limited 股份的是刘强东所设置的信托，该信托是根据 2004 年生效的《英属维尔京群岛信托特别法》（Virgin Islands Special Trusts Act）设立的，又称 Vista 信托。该信托与传统信托相比的特别之处在于：

（1）Vista 信托下的信托公司作为受托人代表客户持有指定股票，但不得参与公司管理，公司的管理由董事进行，受托人不得就指定股份行使表决权或其他权利，避免对公司管理或经营的干扰；

（2）受托人无权擅自采取措施任命或罢免董事，而应按照信托文书的约定在公司董事的任命、罢免、薪酬等事项上行使可归属于指定股份的投票权，信托文书可以要求受托人确保某个人担任或保留董事职务；

（3）除非信托文书另有规定，受托人不得出售或处置信托基金管理或行政管理中的指定股份。

刘强东作为该信托的委托人，指定自己为京东控股公司 Max Smart Limited 的唯一董事，一方面拥有管理权，牢牢控制住了该信托所持有的京东股权；另一方面，股权的所有权从法律上不属于刘强东，也就避免了因夫妻财产分割影响到京东控制权的可能。现在已经有越来越多的海外上市公司股东采取这样的信托方式。

第四节　快手如何坐稳"中国短视频第一股"

移动互联网时代，流量为王。2021 年 8 月 27 日，中国互联网络信息中心（CNNIC）发布第 48 次《中国互联网络发展状况统计报告》，报告显示，截至 2021 年 6 月，我国短视频用户规模为 8.88 亿，占网民整体的 87.8%。

根据中商情报网发布的《2021 年中国短视频行业市场现状分析》，中国移动互联网用户 2015 年日均在线时长为 2.90 小时，2019 年提升至 4.35 小时，预计到 2025 年将达 5.73 小时。2019 年，日均在线时长中大约 29.7% 用在基于视频的社交及娱乐平台上，这个比例到 2025 年预计将达 36.3%。

如果上述预测应验，那么 2025 年用户在互联网上所花时间的三分之一，会在使用视频及相关的社交和娱乐功能上，即视频及衍生功能会占据整个互联网三分之一的流量。

本节将以中国短视频第一股快手的招股书为例，简要介绍股权融资在推动企业上市时的积极作用与负面影响，并探究短视频企业在上市冲刺时如何把握控制权。

一、借融资之力冲刺短视频赛道

（一）财务投资者与"薪火"

快手招股书显示，快手联合创始人、董事长兼 CEO 宿华持股 12.648%，快手联合创始人、首席产品官程一笑持股 10.023%，而除了这些创始人，最大的机构投资者腾讯持股 21.567%，风投机构 DCM 持股 9.23%。

众所周知，机构投资者的投资目的可能有财务投资、战略布局、产业投资等。在快手本次 IPO 中，据晚点 LatePost 统计，风投公司 DCM 在融资过程中总共投入约 0.4 亿美元，按照快手上市首日收盘股价 310 港元来估算，DCM 持股约 120 亿美元，回报倍数达到 298 倍。但请注意，DCM 的第一笔投资 1500 万美元是在 2014 年快手的日活跃用户数量（DAU）刚接近 100 万时投入的，当时快手远不像今天这样万众瞩目，两者之间的关系可谓是"薪火之情"。直至 2021 年第一季度，快手季度营收约 170 亿元，调整后仍净亏损约 49.2 亿元，其"烧钱"之路远未结束。

（二）战略投资者与"格局"

与之相比，腾讯作为第一大机构投资者，因入场时间较晚，总回报倍数不及 DCM，约为投入的 12 倍。不过，腾讯的投资有着非常丰富的内涵。

2021 年 6 月初，字节跳动发布《字节跳动遭遇腾讯屏蔽和封禁大事记（2018—2021）》，开启了与腾讯的新一轮对战。但其实，关注互联网的读者应该知道，字节跳动与腾讯之战的热度从未下降。有人分析，两者之间的矛盾之所以不可调和，究其根本，是因为字节跳动以今日头条为流量池，并且拥有抖音短视频、火山小视频、西瓜视频及其他诸多内容生产机构，"流量 + 内容"构成了"王炸组合"，这使得字节跳动站上了下一个十年的互联网风口。而快手作为市场上足以与抖音匹敌的产品，自然是腾讯战略布局的重点对象。

事实上，快手也确实从腾讯获益良多。自 2018 年腾讯封禁抖音、西瓜、火山等字节系短视频产品后，微视和快手获得了微信渠道分发的独占竞争优势。而快手的招股书披露，腾讯的投资附赠了产业资源、与腾讯等第三方游戏开发商合作、联合运营移动端游戏等隐形价值。综合来看，腾讯为被投企业提供的价值包括资本、流量和产业以及丰富的互联网经验。

另外，从新闻报道和媒体采访来看，持股比例 16.657% 的五源资本在快手的成长中发挥了重要作用。据五源资本合伙人张斐称，最初与快手创始人程一笑合作时，程一笑还未成立公司，是五源资本帮助程一笑创立快手，并在其创业初期投入 200 万元人民币，作为回报，五源资本获得了快手 20% 的股权。此后张斐帮助快手引入宿华，稀释了一半股份，并在宿华加入后陆续在 A 轮和 B 轮跟投了 1000 多万美元。可见，一个好的投资人对企业家的帮助是从 0 到 1，再从 1 到 100，直至从 100 到 10 000。这正是我们在前文提到的，企业可以通过股权融资实现快速增长，借助资本的力量为公司带来核心人才和更多资金，拿"聪明"的钱。

（三）各取所需

虽然腾讯的投资带来了很多隐形福利，但快手也为这些隐形福利付出了代价。

首先，腾讯从未放弃扶持自产的短视频公司微视，这使得快手虽然躲开了"家外"的狂风暴雨，却要经历"家内"的暗流涌动。其次，腾讯的加入难以避免地会对快手本身的决策产生影响。总体来说，可谓有失有得。反观 DCM，作为较为纯粹的财务投资者，虽然它不能为快手带来诸多生态加持，但它的钱除了股权稀释外，并未让快手付出特殊代价。所以，财务投资者与战略投资者本身并无高下之分，重点还在于企业本身需要什么。

企业还应关注投资者本身的属性，比如 DCM 及红杉中国等投资机构把握大量业界资源、人脉，且久经 IPO 考验，可以辅导企业完成上市准备，等于为企业提前绑定了 IPO 辅导服务团队。而如腾讯一样的行业龙头，则可以在技术、市场、运营等各个方面帮助企业进化、提升。

二、借股权架构巩固控制地位

往前冲，还不够，精明的企业经营者还应时刻对控制权保持警惕。

招股书显示，快手采用了 AB 股的股权结构，在投票表决期间，A 类股份股东每股可投 10 票，B 类股份股东每股可投 1 票。宿华与程一笑是快手的控股股东，两人同时拥有快手 A 类股份以及 B 类股份。宿华拥有

55.79% 的 A 类股份，程一笑拥有剩余 44.21%，掌握了绝大部分的控制权；其他投资者如腾讯、五源资本等皆为 B 类股份，表决权有限。

三、能者上，适者存

我们此前介绍了股权架构、股权激励、股权投融资以及股权纠纷等涉及公司股权的各类概念、工具。但大家应该认识到，它们只是公司治理的手段，对于公司只有适合与否，而无优劣之分。所以，包括快手在内的任何一种模式，都有可参考借鉴之处，但不可完全复制。

通常，我们建议创始股东应牢牢把握公司的控制权，但是否一定如此？

如果因宏观环境发生变化，公司需要对部分业务进行剥离，使其作为独立主体分离出去，此时我们是否仍然要保持绝对控制？

如果针对某一项特殊业务有更合适的专业人士，是否从控股股东转为战略投资人更能实现双赢？

又或者，我们会建议创始股东善于借助投资人的力量，如快手一般实现冲刺，但是否所有人提供的资金都可接受？如果有的投资人出资只是为了将标的公司纳入自己的商业版图，或吸收某项技术为己用，甚至不是为了利用这种技术，而仅仅是为了这项技术不被对手投入使用呢？

这些问题没有标准答案，却是需要每位企业经营者深思的问题。我们希望能够通过一个个案例带给大家启发，这也是我们写作本书的初衷。

幸运的是，市场竞争中，仍有一条规律可循——能者上，适者存。而适应时代变化和公司发展所需的股权架构，将作为加速器，助力企业乘风破浪、扬帆远航。

注　释

1. 马化腾，孟昭莉，闫德利，等. 数字经济：中国创新增长新动能［M］. 北京：中信出版社，2017.

2. 熊焰韧，王雨阳. 股权结构、创新投资和创新产出——基于创业板上市公司数据的实证研究［J］. 南大商学评论，2018（02）.

3. 帕克，埃尔斯泰恩，邱达利. 平台革命：改变世界的商业模式［M］. 志鹏，译. 北京：机械工业出版社，2017.

4. 资料来源：《深网》文章《专访腾讯投资夏尧：腾讯大消费赛道的投资逻辑演变》。

5. 同4。

6.《上市公司股权激励管理办法》第二条　本办法所称股权激励是指上市公司以本公司股票为标的，对其董事、高级管理人员及其他员工进行的长期性激励。

　　上市公司以限制性股票、股票期权实行股权激励的，适用本办法；以法律、行政法规允许的其他方式实行股权激励的，参照本办法有关规定执行。

7. 对价（consideration）原本是英美合同法中的重要概念，其内涵是一方为换取另一方做某事的承诺而向另一方支付的金钱代价或得到该种承诺的代价。

8. 菲尔德、门德尔松. 风险投资交易：比你的律师和风险投资人更聪明［M］. 金多多，译. 北京：机械工业出版社，2012.

9. 企查查. 喜茶融资信息，https://www.qcc.com/creport/555f7c1768bd843e3410bfd67dda4d08.html.

10. 资料来源："晚点 LatePost"文章《快手融资故事：还原2021年中国互联网第一场资本盛宴》。

11. 赵梦桥. 中金：国内游戏公司处于更高速的发展阶段板块估值具备较大修复空间. 证券时报网，2020-07-08.

12. 同10。

13. 资料来源：公众号"冯仑风马牛"文章《求伯君与雷军的三十年》。

14. 焦丽莎. 单车死结 ［J］. 中国企业家，2018.

15.《公司法》第四十六条　董事会对股东会负责，行使下列职权：

　　（一）召集股东会会议，并向股东会报告工作；

　　（二）执行股东会的决议；

　　（三）决定公司的经营计划和投资方案；

　　（四）制订公司的年度财务预算方案、决算方案；

　　（五）制订公司的利润分配方案和弥补亏损方案；

　　（六）制订公司增加或者减少注册资本以及发行公司债券的方案；

　　（七）制订公司合并、分立、解散或者变更公司形式的方案；

　　（八）决定公司内部管理机构的设置；

　　（九）决定聘任或者解聘公司经理及其报酬事项，并根据经理的提名决定聘任或者解聘公司副经理、财务负责人及其报酬事项；

　　（十）制定公司的基本管理制度；

　　（十一）公司章程规定的其他职权。

16.《公司法司法解释（四）》第七条　股东依据公司法第三十三条、第九十七条或者公司章程的规定，起诉请求查阅或者复制公司特定文件材料的，人民法院应当依法予以受理。

　　公司有证据证明前款规定的原告在起诉时不具有公司股东资格的，人民法院应当驳回起诉，但原告有初步证据证明在持股期间其合法权益受到损害，请求依法查阅或者复制其持股期间的公司特定文件材料的除外。

　　《公司法》第三十三条　股东有权查阅、复制公司章程、股东会会议记录、董事会会议决议、监事会会议决议和财务会计报告。

　　股东可以要求查阅公司会计账簿。股东要求查阅公司会计账簿的，应当向公司提出书面请求，说明目的。公司有合理根据认为股东查阅会计账簿有不正当目的，可能损害公司合法利益的，可以拒绝提供查阅，并应当自股东提出书面请求之日起十五日内书面答复股东并说明理由。公司拒绝提供查阅的，股东可以请求人民法院要求公司提供查阅。

　　《公司法》第九十七条　股东有权查阅公司章程、股东名册、公司债券存根、股东大会会议记录、董事会会议决议、监事会会议决议、财务会计报告，对公司的经营提出建议或者质询。

17. 冯清清. 新律师进阶之路：非诉业务的思维与方法 ［M］. 北京：中国法制出版

社，2019.

18. 资料来源：艾媒咨询《2020 中国 K12 在线教育行业研究报告》。

19. 见《网络出版服务管理规定》第二十七条、《关于移动游戏出版服务管理的通知》以及《互联网信息服务管理办法》第七条等相关规定。

20. 张驰，次旦白珍. 工信部专项整治 App 侵害用户权益问题. 中央纪委国家监委网站，2021.

21.《全国法院民商事审判工作会议纪要》中"5.【与目标公司'对赌'】"中规定：投资方与目标公司订立的"对赌协议"在不存在法定无效事由的情况下，目标公司仅以存在股权回购或者金钱补偿约定为由，主张"对赌协议"无效的，人民法院不予支持，但投资方主张实际履行的，人民法院应当审查是否符合公司法关于"股东不得抽逃出资"及股份回购的强制性规定，判决是否支持其诉讼请求。

投资方请求目标公司回购股权的，人民法院应当依据《公司法》第 35 条关于"股东不得抽逃出资"或者第 142 条关于股份回购的强制性规定进行审查。经审查，目标公司未完成减资程序的，人民法院应当驳回其诉讼请求。

投资方请求目标公司承担金钱补偿义务的，人民法院应当依据《公司法》第 35 条关于"股东不得抽逃出资"和第 166 条关于利润分配的强制性规定进行审查。经审查，目标公司没有利润或者虽有利润但不足以补偿投资方的，人民法院应当驳回或者部分支持其诉讼请求。今后目标公司有利润时，投资方还可以依据该事实另行提起诉讼。

22. buff 为常见的游戏术语，后衍生为用于描述可增强自身能力的有力道具。

23. 中国证券监督管理委员会《监管规则适用指引——关于申请首发上市企业股东信息披露》第三条规定："发行人提交申请前 12 个月内新增股东的，应当在招股说明书中充分披露新增股东的基本情况、入股原因、入股价格及定价依据，新股东与发行人其他股东、董事、监事、高级管理人员是否存在关联关系，新股东与本次发行的中介机构及其负责人、高级管理人员、经办人员是否存在关联关系，新增股东是否存在股份代持情形。上述新增股东应当承诺所持新增股份自取得之日起 36 个月内不得转让。"

24. 优先出售权是指在新投资人进行融资时，在同等条件下，原投资人享有优先出让其持有标的公司股权的权利。

25. 文学国. 私募股权基金法律制度析论［M］. 北京：中国社会科学出版社，2010.

26. 范某与北京某有限责任公司公司证照返还纠纷，北京市第二中级人民法院（2017）京 02 民终 2878 号民事判决书。

27.《最高人民法院关于适用〈中华人民共和国公司法〉若干问题的规定（四）》第十三条规定："股东请求公司分配利润案件，应当列公司为被告。一审法庭辩论终结前，其他股东基于同一分配方案请求分配利润并申请参加诉讼的，应当列为共同原告。"

28.《最高人民法院关于适用〈中华人民共和国公司法〉若干问题的规定（四）》第十五条规定："股东未提交载明具体分配方案的股东会或者股东大会决议，请求公司分配利润的，人民法院应当驳回其诉讼请求，但违反法律规定滥用股东权利导致公司不分配利润，给其他股东造成损失的除外。"

29.某有限责任公司与某有限公司、李某公司盈余分配纠纷案，最高人民法院，（2016）最高法民终 528 号民事判决书。

30.《〈公司法〉司法解释（二）》第三条　股东提起解散公司诉讼时，向人民法院申请财产保全或者证据保全的，在股东提供担保且不影响公司正常经营的情形下，人民法院可予以保全。

31.徐某与腾讯科技（上海）有限公司竞业限制纠纷，上海市高级人民法院（2018）沪民申 3155 号民事裁定书。

32.王某与上海某股份有限公司股权激励案，上海市第二中级人民法院，（2016）沪 02民终 0940 号民事判决书。

33.《全国法院民商事审判工作会议纪要》："……人民法院在审理合同纠纷案件时，要依据《民法总则》第 153 条第 1 款和合同法司法解释（二）第 14 条的规定慎重判断'强制性规定'的性质，特别是要在考量强制性规定所保护的法益类型、违法行为的法律后果以及交易安全保护等因素的基础上认定其性质，并在裁判文书中充分说明理由。下列强制性规定，应当认定为'效力性强制性规定'：强制性规定涉及金融安全、市场秩序、国家宏观政策等公序良俗的；交易标的禁止买卖的，如禁止人体器官、毒品、枪支等买卖；违反特许经营规定的，如场外配资合同；交易方式严重违法的，如违反招投标等竞争性缔约方式订立的合同；交易场所违法的，如在批准的交易场所之外进行期货交易。关于经营范围、交易时间、交易数量等行政管理性质的强制性规定，一般应当认定为'管理性强制性规定'……"

34.《首次公开发行股票并上市管理办法》第十三条　发行人的股权清晰，控股股东和受控股股东、实际控制人支配的股东持有的发行人股份不存在重大权属纠纷。

35.《〈公司法〉司法解释（三）》第二十五条第二款　名义股东处分股权造成实际出资人损失，实际出资人请求名义股东承担赔偿责任的，人民法院应予支持。

36.案号为（2020）苏 01 民终 11010 号。

37. 案号为（2020）黔 2601 民初 13095 号。

38. 案号为（2020）晋 08 民终 3277 号。

39. 案号为（2018）辽 02 民终 4917 号。

40. 案号为（2014）黑高商终字第 54 号。

41. 案号为（2018）京民终 449 号。

42.《公司法》第七十一条　有限责任公司的股东之间可以相互转让其全部或者部分股权。

　　　　股东向股东以外的人转让股权，应当经其他股东过半数同意。股东应就其股权转让事项书面通知其他股东征求同意，其他股东自接到书面通知之日起满三十日未答复的，视为同意转让。其他股东半数以上不同意转让的，不同意的股东应当购买该转让的股权；不购买的，视为同意转让。

　　　　经股东同意转让的股权，在同等条件下，其他股东有优先购买权。两个以上股东主张行使优先购买权的，协商确定各自的购买比例；协商不成的，按照转让时各自的出资比例行使优先购买权。

　　　　公司章程对股权转让另有规定的，从其规定。

43.《〈公司法〉司法解释（三）》第二十四条　有限责任公司的实际出资人与名义出资人订立合同，约定由实际出资人出资并享有投资权益，以名义出资人为名义股东，实际出资人与名义股东对该合同效力发生争议的，如无法律规定的无效情形，人民法院应当认定该合同有效。

　　　　前款规定的实际出资人与名义股东因投资权益的归属发生争议，实际出资人以其实际履行了出资义务为由向名义股东主张权利的，人民法院应予支持。名义股东以公司股东名册记载、公司登记机关登记为由否认实际出资人权利的，人民法院不予支持。

　　　　实际出资人未经公司其他股东半数以上同意，请求公司变更股东、签发出资证明书、记载于股东名册、记载于公司章程并办理公司登记机关登记的，人民法院不予支持。

44.《〈公司法〉司法解释（三）》第二十五条第一款　名义股东将登记于其名下的股权转让、质押或者以其他方式处分，实际出资人以其对于股权享有实际权利为由，请求认定处分股权行为无效的，人民法院可以参照民法典第三百一十一条的规定处理。

45.《民法典》第三百一十一条　无处分权人将不动产或者动产转让给受让人的，所有权人有权追回；除法律另有规定外，符合下列情形的，受让人取得该不动产或者动产的所有权：

（一）受让人受让该不动产或者动产时是善意；

（二）以合理的价格转让；

（三）转让的不动产或者动产依照法律规定应当登记的已经登记，不需要登记的已经交付给受让人。

受让人依据前款规定取得不动产或者动产的所有权的，原所有权人有权向无处分权人请求损害赔偿。

当事人善意取得其他物权的，参照适用前两款规定。

46. 案号为（2021）粤01执异4号。

47. 《〈公司法〉司法解释（三）》第十三条 股东未履行或者未全面履行出资义务，公司或者其他股东请求其向公司依法全面履行出资义务的，人民法院应予支持。

公司债权人请求未履行或者未全面履行出资义务的股东在未出资本息范围内对公司债务不能清偿的部分承担补充赔偿责任的，人民法院应予支持；未履行或者未全面履行出资义务的股东已经承担上述责任，其他债权人提出相同请求的，人民法院不予支持。

股东在公司设立时未履行或者未全面履行出资义务，依照本条第一款或者第二款提起诉讼的原告，请求公司的发起人与被告股东承担连带责任的，人民法院应予支持；公司的发起人承担责任后，可以向被告股东追偿。

股东在公司增资时未履行或者未全面履行出资义务，依照本条第一款或者第二款提起诉讼的原告，请求未尽公司法第一百四十七条第一款规定的义务而使出资未缴足的董事、高级管理人员承担相应责任的，人民法院应予支持；董事、高级管理人员承担责任后，可以向被告股东追偿。

48. 《公司法》第一百四十二条 公司不得收购本公司股份。但是，有下列情形之一的除外：

（一）减少公司注册资本；

（二）与持有本公司股份的其他公司合并；

（三）将股份用于员工持股计划或者股权激励；

（四）股东因对股东大会作出的公司合并、分立决议持异议，要求公司收购其股份；

（五）将股份用于转换上市公司发行的可转换为股票的公司债券；

（六）上市公司为维护公司价值及股东权益所必需。

公司因前款第（一）项、第（二）项规定的情形收购本公司股份的，应当经股东大会决议；公司因前款第（三）项、第（五）项、第（六）项规定的情形收购本公司股份的，可以依照公司章程的规定或者股东大会的授权，经三分之二以上董事出席的董事会会议决议。

公司依照本条第一款规定收购本公司股份后，属于第（一）项情形的，应当自收购之日起十日内注销；属于第（二）项、第（四）项情形的，应当在六个月内转让或者注销；属于第（三）项、第（五）项、第（六）项情形的，公司合计持有的本公司股份数不得超过本公司已发行股份总额的百分之十，并应当在三年内转让或者注销。

上市公司收购本公司股份的，应当依照《中华人民共和国证券法》的规定履行信息披露义务。上市公司因本条第一款第（三）项、第（五）项、第（六）项规定的情形收购本公司股份的，应当通过公开的集中交易方式进行。

公司不得接受本公司的股票作为质押权的标的。

49.《公司法》第一百六十六条　公司分配当年税后利润时，应当提取利润的百分之十列入公司法定公积金。公司法定公积金累计额为公司注册资本的百分之五十以上的，可以不再提取。

公司的法定公积金不足以弥补以前年度亏损的，在依照前款规定提取法定公积金之前，应当先用当年利润弥补亏损。

公司从税后利润中提取法定公积金后，经股东会或者股东大会决议，还可以从税后利润中提取任意公积金。

公司弥补亏损和提取公积金后所余税后利润，有限责任公司依照本法第三十四条的规定分配；股份有限公司按照股东持有的股份比例分配，但股份有限公司章程规定不按持股比例分配的除外。

股东会、股东大会或者董事会违反前款规定，在公司弥补亏损和提取法定公积金之前向股东分配利润的，股东必须将违反规定分配的利润退还公司。

公司持有的本公司股份不得分配利润。

50.《公司法》第一百七十七条　公司需要减少注册资本时，必须编制资产负债表及财产清单。

公司应当自作出减少注册资本决议之日起十日内通知债权人，并于三十日内在报纸上公告。债权人自接到通知书之日起三十日内，未接到通知书的自公告之日起四十五日内，有权要求公司清偿债务或者提供相应的担保。

51. 资料来源：中国经济网《2018中国游戏产业报告（摘要版）》，https://baijiahao.baidu.com/s?id=1620700649356336192&wfr=spider&for=pc。

52. 公告来源：巨潮资讯网，三七互娱《第三期员工持股计划（草案）》，http://www.cninfo.com.cn/new/disclosure/detail?orgId=9900018279&announcementId=12063641 23&announcementTime=，2019-06-19.

53. 公告来源：巨潮资讯网，游族网络《第一期员工持股计划（草案）》，http://www.cninfo.com.cn/new/disclosure/detail?orgId=9900003663&announcementId=12051108 30&announcementTime=，2018-06-30.

54. 公告来源：巨潮资讯网，三七互娱《第三期员工持股计划管理细则》，http://www.cninfo.com.cn/new/disclosure/detail?plate=szse&orgId=9900018279&stockCode=002 555&announcementId=1206364124&announcementTime=，2019-06-19.

55. 根据上海市第三中级人民法院做出的（2020）沪 03 民初 432 号民事裁定，上海熊猫互娱文化有限公司向天津中冀融智企业管理合伙企业、珺娱（湖州）文化发展中心追收未缴出资。

56.《外商投资准入特别管理措施（负面清单）（2020 年版）》第 17 条："禁止投资互联网新闻信息服务、网络出版服务、网络视听节目服务、互联网文化经营（音乐除外）、互联网公众发布信息服务（上述服务中，中国入世承诺中已开放的内容除外）。"